スゴい賃貸経営のツボ

女性目線で入居率99・7%を手に入れる

尾浦英香

X-Knowledge

はじめに

私は賃貸経営のコンサルタントとして、これまで多くの賃貸住宅を建築・管理してきました。そして、空室だらけだったマンションを満室にするなど、大家さんのマンション経営、アパート経営を成功に導いてもきました。

賃貸経営は、確かにリスクのある投資です。世の中には、賃貸経営のリスクの話ばかりがクローズアップされ、満室にして堅実な経営をしていくことについてはほとんど語られていないように思います。

しかし、そのリスクを前もって把握し、回避・調整することで、リスクを限りなく低く抑えることは可能です。有り難いことに私のお手伝いさせていただいている物件は、平均して99・7％と高い入居率を実現しています。実際に、年間数千万円の年収を得ている女性大家さんもいます。本書では、その高い入居率を実現するツボを紹介したいと思います。

しかし、その前にみなさんに考えていただきたいことがあります。それは、「投資とはいったい何なのか」ということです。

投資を辞書で引くと、「利益を得る目的で、資金を証券・事業などに投下すること」とあります。将来利益を得るために、勉強したり、株を買ったり、人材を育てたりすることも投資と言いますね。私は生きていく上で、投資の考え方はとても大切なものであり、なかでも不動産投資は、あなたを必ず守ってくれるものだと思っています。

ただ、残念ながら日本ではその投資の教育が行われていません。

以前、ある中学校で講演をさせてもらったときのことです。テーマは「不動産コンサルタントの仕事って何」でした。そこで私はこんな話をしました。

「例えばみなさんが今1000万円を持っていたとします。その1000万円で貯金する、マイホームを買う、賃貸マンションを買うでは、どれがいいでしょうか？

1000万円を貯金すると、金利は0・01％です。1年後、1000万円は1000万1000円になっています。金利は低いですが、使わなければ減ることはなく、何かがあったときも安心です。

では、そのお金でマイホームを買うとどうでしょうか？　1000万円はなくなりますが、自分の家ができて満足ですよね。

じゃあ、賃貸マンションを買うとどうでしょうか？　１０００万円で買った物件から得られる家賃収入は年間１００万円くらいです。これは自分の仕事とは別の収入になります。もちろん持っていた１０００万円はなくなります。さあ、どれがいいでしょうか？」

すると聴講していた生徒35人全員が、「賃貸マンションを買う」という選択をしました。「大家さんになってお金持ちになるんだ」と。

家賃収入の１００万円には税金がかかってくるので、１００万円全部を自分で使えるわけではありませんし、賃貸経営にはリスクがあることも伝えました。それでも、中学生たちは全員、「賃貸マンションを買う」という選択をしたのです。

しかし、現状に目を向けると、日本の大人の大多数は、投資をせずに貯金をしています。また、日本人は世界一投資に消極的だとも言われています。私の子どもの頃を思い出してみても、お金儲けは悪いことというような風潮があり、貯金は美徳という教育を受けてきたように思います。

持っているお金を投資に回すことは、悪いことではありませんし、資金を有効活用することは、生きていく上での知恵だと私は思います。しかし、これまで学校では人生を左右するかもしれないお金について、ほとんど習う機会がありませんでした。また、大家さんになろうとしている方の大半は、不動産投資の専門家ではないのが現状です。

ですからこの本では、まったく収益不動産の賃貸経営システムを知らない方でもわかるように書いたつもりです。

私はこの仕事をはじめてから、賃貸住宅を買ってしまい、苦労をした人から悲しい相談をたくさん受けてきました。逆に不動産投資で大成功して数億円の収入を毎年得ている方もおられる中で、その違いは何か、そこをみなさんには知っていただきたいと考えています。

あなたが幸せになるための「女性目線による稼げる賃貸経営のツボ」を知って実践していただきたい。この本が、みなさんの投資の一助になれば幸いです。

エクセルイブ代表　尾浦英香

contents

第2章　お金が貯まる賃貸住宅を手に入れるポイント

第3章　こんなに簡単！　利益を長～く得る管理のコツ

第4章　賃貸住宅で節税もする賢い大家を目指す

装丁・本文デザイン／Ｊ－ＰＡＤＤＬＥ
本文ＤＴＰ・図版作成／デジカル
編集協力／和久井香菜子

第1章

満室経営はどこでやるかの見極めが決め手

＼ツボ／
01

まずやるべきことは賃貸経営の目標設定

「自分がどうなりたいのか」がなければ場所や物件も決まらない

「賃貸経営には興味があるがいったい何から手をつけていいかわからない」

実際にこういう人は多いものです。この本を手に取ったみなさんも、少なからずこのように思っているのではないでしょうか？　なかには、「雲をつかむような話だ」と思っている人もいるかもしれません。

賃貸経営では、一度物件を持ったら、その物件がずっと満室であり続けるにはどうしたらいいかを考えなければいけません。しかし、大家さんの多くは、「物件を買って所有すること」に焦点が合っていて、その後もずっとその物件に入居者を入れ続けていかなければいけないということに考えがおよんでいないように感じることがしばしばです。

私のところに来る大家さんは、空室が目立って多くなった頃に「どうしたらいいのでしょうか?」という相談をされる方がほとんどです。そんな大家さんたちに私から「最初に予想しませんでしたか?」「対策を何か練っていましたか?」と少し厳しい質問を投げかけると、残念ながら多くの方が答えに困るといった状況です。

自分で買った物件から、一定の収入をキープし続けられるかどうかは、「どうしたらその物件に入居者を入れ続けられるか」に焦点を合わせて考え、そのことにどう対処していくかが大事になってきます。

だからこそ、**最初の物件を買う前にやっておきたいのが、投資の「目標の設定」**です。自分が何のために投資をするのか、投資をしていくら儲けたいのか、目標の金額は何年後に欲しいのか。そうしたことを明確に決めないと、いつまで経っても経営はうまくいきません。

何年後に、どれぐらいお金が欲しいかを決める

過去にこんな方がいました。それは40代の男性で年収は1500万円。15年前に区分所有のマンションを1室購入し、その後、6室まで増やしたそうです。しかし、賃貸経営での年収は増えず、「何かがおかしい。収入はあるはずなのに、苦しいのです」との

ことでした。早速、不動産の資料を見せていただき、その6室の立地や賃料を伺ったところ、トータルで1億６０００万円の資産を購入されていました。

不動産投資家で悠悠自適な生活をなんとなく夢に見て、営業マンに言われるとおり、物件を買い足してきたようですが、不動産収入は、他の物件の借入金の返済に回るばかりで、一向に利益が出ない状況にあったのです。しかも、5室、6室と買い足した頃には、自身の貯蓄から持ち出しも発生していました。

不動産投資では、**その投資で将来どのくらいの年収を取るのか、不動産の中でも1棟のマンションなのか、どんなスタンスで何年後にどうするか、ということがとても大切になってきます**。この方の場合、資産のたくわえがあり、持ち出しでも何とかなっていたため、不動産投資での収入と支出のバランスがわからなくなっていたようですが、経営がうまく行かない大きな原因は、最初の目標設定があいまいだったことにつきます。

不動産投資も事業ですから、これで安心というわけにはなかなかいかないもの。しかし、計画もなしに物件をただ買っていったのでは、成功は遠のいていくばかりです。必要であれば、専門家の意見も聞きながら、空室の改善や収入と借入返済とのバランス、世の中の流れをしっかりと踏まえて進んでいかなければなりません。

[目標設定は明確に]

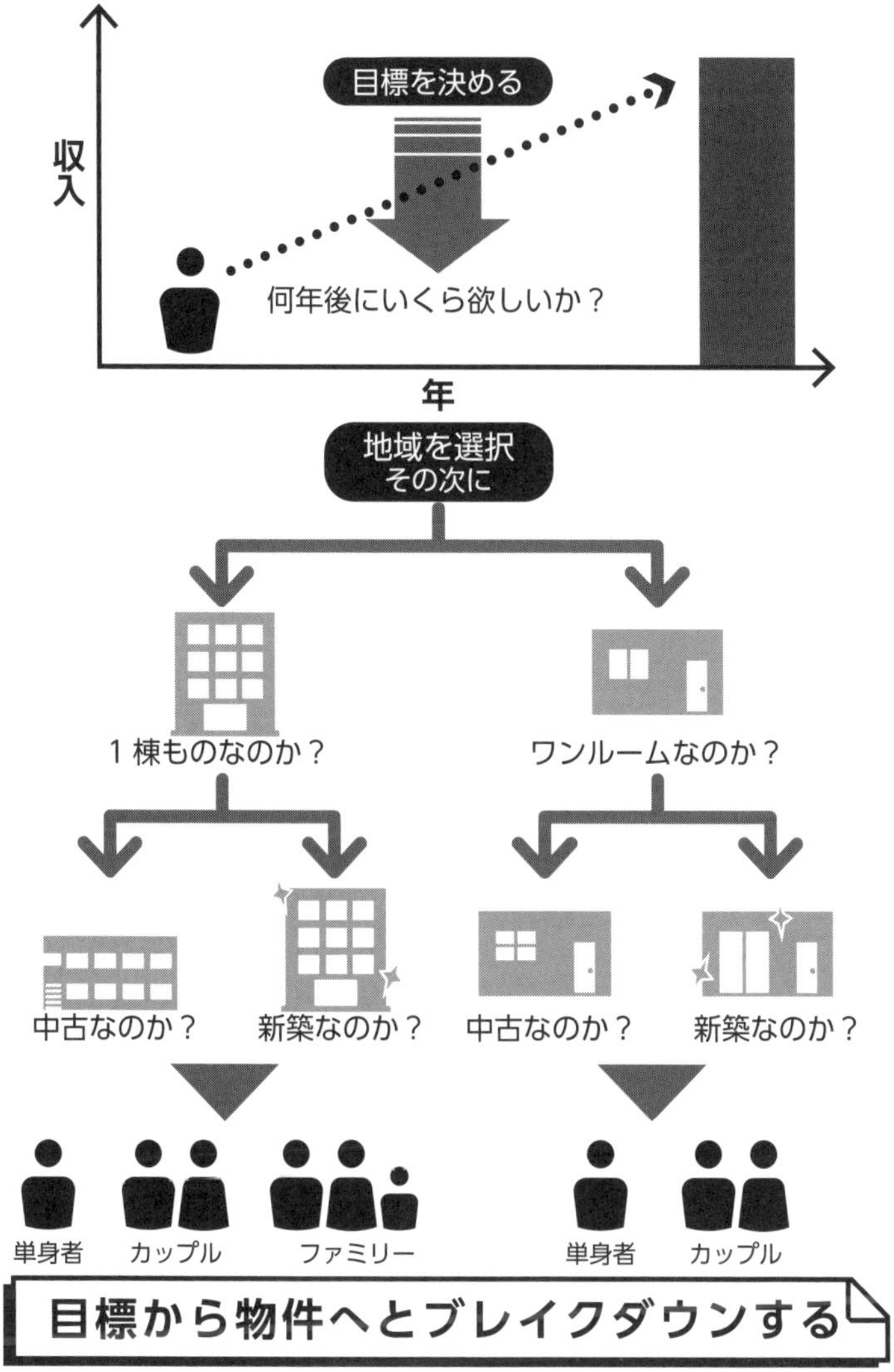
目標を決める
収入
何年後にいくら欲しいか？
年
地域を選択
その次に
1 棟ものなのか？
ワンルームなのか？
中古なのか？
新築なのか？
中古なのか？
新築なのか？
単身者
カップル
ファミリー
単身者
カップル
目標から物件へとブレイクダウンする

ツボ 02

初心者は人口20万人くらいの都市からはじめてみる

ねらい目は人口20万人の都市

自分の目標が決まったら、次にやるべきことは、どんな場所であればその目標が達成できるかを考えることです。物件が買いやすい価格であることも大事ですが、選ぶ優先**順位の一番は、やはり立地**です。つまり、その物件がどこに建っているかが、重要なのです。これはどんな専門家に聞いても同じ答えだと思います。

駅にはできるだけ近いほうがよくて、できれば5分以内が理想です。昔は10分圏内が目安と言われていましたが、これからは、人口も減り、競争率も激しくなってくるので、5分圏内のほうが安全と言えるでしょう。と言っても、もちろんどの都市でもいいわけではありません。

賃貸経営は入居者がいればこその投資です。

経営に慣れていない方は、一つの目安として人口が20万人くらいの都市を選ぶといいと思います。あまり人が減っていない場所を選ぶほうが賃貸経営はやりやすいのは間違いありません。東京近郊で言うと、埼玉県の草加市や神奈川県の厚木市ぐらいの規模をイメージしてもらうといいかもしれません。

20万人くらいの都市を選んだ次は、その都市の「人口動態」を見てみます。人口動態とは、今その都市にどれだけの人がいるかはもちろん、人口の増減や、流入、流出の数などがわかるものです。これは市役所に行けば調べられますし、ネットでもある程度の情報を得ることができます。

もちろん人口が減っているところよりも、増えているところのほうが安全です。しかし、物件の立つ場所から利用できる駅がたくさんあるといった、いわゆる交通の便がいい場所は、賃貸住宅も多くなる傾向にあります。つまり、競合する物件が多いのです。ですから、そのような場合は、最寄りの駅は少ないほうがいい場合もあります。また、南向き、日当たり良好など、環境や物件自体の設備が整っているなら、徒歩10～15分圏内でもいいこともあります。

人口が増えていても賃貸経営が厳しい？

とはいえ、20万人くらいの都市で、人口も増加中、さらに駅から徒歩5分という条件が揃った物件が見つかったら、まずは第1の候補に挙げるべきでしょう。ただし、ここですぐに購入となるのは「ちょっと待った」です。

例えば、こんな話があります。人口が約150万人もいる福岡県の福岡市（博多）は、政令指定都市の中で唯一人口が増えている場所なのですが、近年家賃の下落と空室に頭を悩ませている大家さんが増えているのです。

なぜなら、先の人口動態などを見て、人口が増加していることに目をつけた建築業者が、賃貸住宅を次から次へと建て、結果的に乱立状態となったからです。20万人の都市からすると実に8倍近くも人口がいるのですがこの状態です。逆に隣県の熊本市（人口約74万人）では、そんなに家賃が下がっていないということもあります。

ですから、**購入を検討している地域の状況は、しっかりと調べておかなければなりません。**

[20万人都市の目安]

20万以上30万人未満の都市

都道府県	都市	推計人口
青森県	青森市	298,416
兵庫県	明石市	297,057
岩手県	盛岡市	295,680
三重県	津市	285,654
福島県	福島市	285,146
千葉県	市原市	281,043
新潟県	長岡市	280,922
山口県	下関市	277,718
大阪府	茨木市	277,689
北海道	函館市	274,485
茨城県	水戸市	273,053
東京都	豊島区市	271,643
兵庫県	加古川市	271,426
大阪府	八尾市	270,307
福井県	福井市	267,978
東京都	目黒区	267,379
長崎県	佐世保市	262,093
神奈川県	平塚市	259,171
静岡県	富士市	258,873
徳島県	徳島市	257,718
東京都	墨田区	254,627
東京都	府中市	253,288
山形県	山形市	251,340
埼玉県	草加市	244,289
長野県	松本市	243,271
大阪府	寝屋川市	241,340
神奈川県	茅ヶ崎市	239,843
埼玉県	春日部市	238,963
青森県	八戸市	238,867
広島県	呉市	238,046
佐賀県	佐賀市	236,274
東京都	港区市	235,337
兵庫県	宝塚市	234,290
神奈川県	大和市	233,018
埼玉県	上尾市	228,155
神奈川県	厚木市	225,229
宮城県	太白区	224,558
東京都	調布市	223,691
群馬県	太田市	221,245
茨城県	つくば市	218,864
東京都	渋谷区	214,665
群馬県	伊勢崎市	211,051
東京都	荒川区	207,635
島根県	松江市	206,404
静岡県	沼津市	204,703
東京都	文京区	204,258
埼玉県	熊谷市	202,154
新潟県	上越市	201,794
兵庫県	伊丹市	201,760
三重県	鈴鹿市	201,468
大阪府	岸和田市	201,077

15万以上20万人未満の都市

都道府県	都市	推計人口
東京都	西東京市	197,546
神奈川県	小田原市	196,493
山口県	山口市	195,412
山梨県	甲府市	194,800
鳥取県	鳥取市	193,908
千葉県	八千代市	193,315
京都府	宇治市	191,802
茨城県	日立市	191,293
東京都	台東区	187,792
大阪府	和泉市	187,506
東京都	小平市	186,339
愛知県	豊川市	185,213
広島県	東広島	183,788
愛知県	安城市	183,765
青森県	弘前市	180,370
東京都	三鷹市	180,194
北海道	釧路市	180,160
東京都	日野市	179,571
東京都	立川市	178,194
神奈川県	鎌倉市	177,684
千葉県	佐倉市	177,652
富山県	高岡市	177,005
島根県	出雲市	174,849
北海道	苫小牧市	174,469
山口県	宇部市	171,996
静岡県	磐田市	170,960
宮崎県	都城市	170,547
千葉県	流山市	169,786
愛知県	西尾市	169,765
三重県	松阪市	169,444
北海道	帯広市	169,104
愛媛県	今治市	167,872
栃木県	小山市	165,465
千葉県	習志野市	165,190
神奈川県	秦野市	164,977
岐阜県	大垣市	163,088
埼玉県	新座市	162,527
千葉県	浦安市	162,378
長野県	上田市	160,957
兵庫県	川西市	160,923
茨城県	ひたちなか市	159,415
千葉県	野田市	156,423
埼玉県	久喜市	155,158
埼玉県	狭山市	154,772
栃木県	足利市	153,816
愛知県	小牧市	153,548
東京都	東村山市	152,088
宮城県	石巻市	150,966
鳥取県	米子市	150,313
埼玉県	入間市	150,216

※総務省自治行政局住民制度課資料より作成
※平成26年1月1日時点

＼ツボ／
03

自宅から2時間以内で行ける場所に絞り込む

自分の目の届く範囲ではじめる

目標が決まり、その目標を実現できそうな人口が20万人くらいの都市はどこなのか？そうやって地域を絞り込む際に一つ覚えておいていただきたいことがあります。

それは**自分の家から2時間以内で行ける場所を選ぶ**ことです。もしくは、実家が近い、友人の家が近いなど、親しい人が近くにいるでもいいかもしれません。要は、目の届く範囲の地域であるということが大切なのです。

なぜそのような条件が必要かと言うと、**賃貸経営は、その物件をかわいがることがとても重要**だからです。

物件を買ったら「後は管理会社に任せきり」。そうして賃貸経営に失敗した、またはうまくいかないと悩む大家さんを私は数多く見てきました。

自分の物件をかわいがらなければ、入居者はその物件に魅力を感じてくれません。こう言うと少し観念的な話に聞こえてくるかもしれませんが、実際に賃貸経営で成功している大家さんは、みな自分の物件に愛情を持って接しています。

少なくとも私のお客様はそうです。だからこそ、私のお客様たちは入居率が99・7％も保てているのです。

管理会社に任せきりでは競争力がなくなる

具体的には、まめに自分の物件を見に行って、掃除がしてあるか、植物が枯れていないかなどをチェックすることが必要になってきます。管理会社の中には、週に一度の共用部分の清掃をお願いしていても、実際に行ってみて汚れていなければ掃除をせずにそのまま帰ってしまうこともあります（物件管理の方法は第3章で詳しく説明します）。

汚い建物になって印象が悪くなってしまうと、入居者は減り、家賃を下げなければ次の入居者が来ないというふうに、悪循環に陥ってしまうことになりかねません。

信頼できるのは自分の目だけ。自分の部屋は、自分で価値を上げていかなければと考えておくとよいでしょう。

そのためにも、地域を絞り込む際は、自分の家から2時間以内で行ける場所を選ぶことが必要なのです。

ですので、賃貸経営をはじめる場所を選ぶには次のような手順で進めるのが一番だと言えます。

① **自分の「目標の設定」**

↓

② **「人口が20万人くらいの都市」**

↓

③ **「2時間以内で行ける場所」**

②と③はほぼ同時に行うイメージです。こうすれば、おのずと地域は絞られてきます。

嘘のような話とお思いかもしれませんが、「何から手をつけていいのか?」と悩む賃貸経営初心者の方の中には「まず、立地という言葉からして難しい」という人もいます。しかし、このように手順を踏んでいけば、何も難しいことはありません。こうして地域を絞り込んだ後は、実際にその地域を調べていく段階へと移ります。

[地域を絞り込む手順]

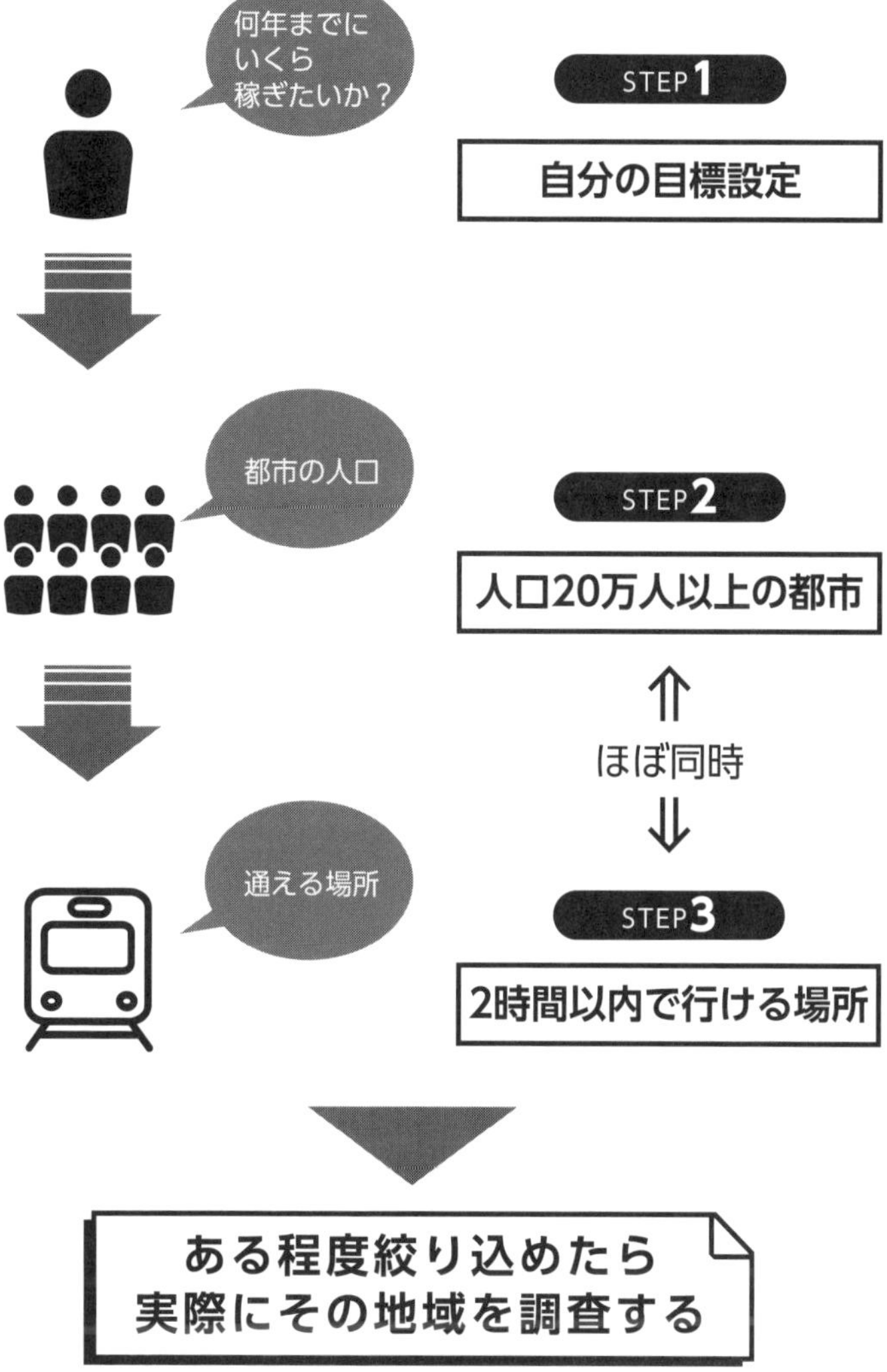
何年までにいくら稼ぎたいか？
STEP1
自分の目標設定
都市の人口
STEP2
人口20万人以上の都市
ほぼ同時
通える場所
STEP3
2時間以内で行ける場所
ある程度絞り込めたら実際にその地域を調査する

＼ツボ／
04 地域の調査は自分の足で歩いて回るのが一番

そこにはどんな人が住んでいる？

購入を検討している地域の最寄り駅の様子を観察するのはとても大切です。例えばどんな街でも駅を降りた瞬間の印象というのはあります。駅前が暗いイメージなのか、活気があるイメージなのか？　みなさんも仕事や何かの用事などで普段行きつけていない街に行くと、何かしらの印象を持つのではないでしょうか。

地域の調査はそんなことも重要になってきます。また、駅前の雰囲気だけでなく、歩いている人が活き活きとしているかどうかもチェックしてください。

人がどれだけ歩いているか、それはどんな人たちなのか、若いのか老人なのか、男性なのか女性なのか。コンビニに入ってどんな人が利用しているかなどの様子を見たりもします。

こうした**地域の調査（市場調査）は、朝、昼、晩と、時間を変えてまめに行う**といいでしょう。朝はどのくらいの人が通勤しているのか、どんな服装をしているのか、そして、どんな職業なのかまでを想像します。

昼間は子ども連れの親子がどれだけ歩いているかなども観察すべきでしょう。もし、単身者用の賃貸住宅を考えていたとしても、親子連れが多いのであれば、ファミリータイプの賃貸住宅を考慮に入れてみるのもありです。夜は夜で静かな地域なのか、そうでないのか？　人通りが多いのか少ないのか？　などを調べます。少ないのであれば、「女性の一人暮らしには向いていないかも」ということがわかります。

地域の物価も気にしてみる

また、駅周辺の飲食店に入ってみるのもいいと思います。昔からやっている飲食店があるかどうかは重要なチェックポイントです。30年前から続いているようなお店がある場所は、それだけ美味しくて、人が出入りしているということ。こういう店がある街は、入居者の定住率がいいのです。

また、**スーパーに行って物価もチェック**します。物価が高いと、入居者の生活を圧迫しますから、モノが安い街のほうがいいと言えます。入居者にあまり大変な思いをさせないという考慮も必要なのです。

特に野菜の値段は注目です。男性だとイメージしにくいかもしれませんが、そんな場合は、３００円で何がいくつ買えるかを一つの目安にするのがいいかもしれません。

ちょっと古くなったもの、いわゆる〝おつとめ品〟を売っているようなスーパーは、人にも優しい、いいお店です。人に好かれるスーパーがあると、入居者が生活しやすいということにもつながります。

そうして街を歩きながら、周囲のマンションを見て回ります。その際は、空室が多そうか、満室になっている物件がどれぐらいあるかを見ます。それらは、外から見ただけでも大体わかるものです。

マンションの集合ポストを見てみるのもいい手です。今はポストに名前を書いている人は少なくなりましたが、チラシがポストにギッシリ詰まっていたり、誰も触っていないふうだったりすると、その部屋は空室の可能性が高いです。

このようにして、実際に街を歩いて、足を使って様子を調べてください。**街に活気があるか、マンションが入居者で埋まっているかは、行ってみないとわかりません。**

[地域を歩く際のチェック項目]

朝⇒駅前

- どんな人が通勤しているのか？
- どちらの方向から人が流れているか？
- バス利用者が多いのか？　徒歩の人が多いのか？

昼⇒駅前・街中

- どんな人が歩いているのか？　子連れは多いか？
- 飲食店は多いか？　流行っているところはあるか？
- 駅前のお店は流行っているか？
- 周辺のマンションはどんなグレードのものが多いか？
- 病院や学校、スーパー、役所があるか？

夜⇒駅前・住宅街

- どんな人がどれぐらいの時間に帰宅しているか？
- 住宅街の夜道は明るいか？
- コンビニの利用者はどんな人が多いか？

**朝、昼、夜で時間を変え
地域の様子を詳しくチェックする**

＼ツボ／
05

魅力のある街とは ステイタスのある街ではない

憧れの場所と住む場所は違う

投資家のみなさんに、どんな場所に物件を買いたいか聞くと、たいてい「文京区」「世田谷区」とか「目黒区」がいいと言います。つまり、ちょっと高級なイメージのある場所です。でも、そういう場所はイメージがいいだけあって競争率がとても高いですし、物価も高いものです。そして、そういう場所に住める人たちは多くはありません。

また、名前のイメージがよい高級な場所に物件を持つと、「僕はここに物件を持っているんだ！」という気持ちだけで満足してしまいがちです。そういう方は非常に多いものです。

賃貸経営は、10年、20年と続けないと利益が出にくい商売です。**「高級な場所に物件を持っている」というステイタスで満足してしまっては、経営は成り立ちません。**

また、そのような場所は閑静な街であることが多いため、物件自体があまりありません。

物件を購入したいという需要に対して供給が少ないので物件価格が高いのです。そのため、売るときにもなかなか売りにくいのが現状です。

一方で、いわゆる下町、職人さんが住むような街のほうが私は賃貸経営に向いていると思っています。ごちゃごちゃしていて、人がいっぱいいて、物価が安い場所です。そのほうが需要が絶えないものだからです。

物価が安い場所は、それだけで魅力があります。物価の安さに釣られて人が絶えず入ってきます。また、よく下町風情などという言葉が使われますが、実際にそういう場所には温かみのある人たちがたくさんいます。ご近所づきあいをうまくすれば、何かと助けてくれることもあります。もっと言えば、不動産投資の世界では、資産のある人たちが、先のような高級なイメージのある場所に引っ張られ、そこに物件を持とうとしますので、下町風の場所は競争率もそれほど高くないというのも魅力です。

観光資源があればなおのことＧＯＯＤ

お寺や何かの施設といった観光資源があればなおのこと賃貸経営に向いている地域だと言えます。例えば「京都」や「鎌倉」といった場所は、本当に値が下がらないのです。

「京都」「鎌倉」というだけでブランドになっているので、投資をしても損はしないと思います。もちろん物件もそれなりに高いですが、こういう場所はステイタスだけでない、実利の魅力も備えています。

ただ、そこまでは行かなくても、ねらい目の街はあります。私の地元の大阪で言えば、天神橋筋商店街、心斎橋筋商店街など、大阪市内のど真ん中にあるのに、人があふれ、食べ物屋さんも充実した生活のしやすい場所があります。

特に天神筋商店街には、受験の神様の大阪天満宮や天満天神『繁昌亭』という上方落語の寄席があり、商店街自体は2・6キロで600店舗もある日本一長い商店街です。当然活気があり、ごちゃごちゃ感もありでとても魅力のある街です。

また、街の活気を知る手がかりとしては、自治体のホームページを見て、自治体の活動やイベントを調べるとよいでしょう。**やる気のある自治体は、実際に住んでいる人たちが街を活性化してくれるよう、さまざまな手を打っています**のでそちらのチェックもしておきたいところです。暮らしやすい街作り、イベントや講習、お祭り、企業支援などを積極的に行っている街には、人が集まってくるものです。

[ステイタスを取るか実利を取るか]

ステイタス		実利
静かで落ち着いた雰囲気	駅前	商店街がありごちゃごちゃしている
比較的朝晩の通勤者が多い	駅利用者	比較的昼の駅利用者が多い
高級スーパーが多い	スーパー	安売りしているスーパーが多い
お洒落なお店が多い	お店	雑多な感じでお店の種類も多い
高級マンションが多い	マンション	古い賃貸アパートが多い

ステイタスだけでは投資は成り立たない

ツボ 06

物件を絞り込むために必要な地域の賃料相場

まずはネットで相場をチェック

ここまでは地域の絞り込み方、調べ方についてのお話をしてきました。ここからは、もう一歩進んで、物件の絞り込み方についてご説明しましょう。

まず、物件を選ぶ際には地域の賃貸住宅の賃料がいくらなのかの相場をチェックしなければなりません。その方法として、駅前の不動産店舗を覗いて、賃料相場をチェックするのもいいでしょう。しかし、今はインターネットで簡単に物件情報が調べられますから、これを利用しない手はありません。具体的には、絞り込んだ地域を不動産サイトで検索します。20万人程度の都市で、首都圏郊外・関西を基準にすると、**購入したい物件の想定する家賃価格と同程度の賃貸住宅が5000件以上ヒットしたら、競合が多く、空室の多い地域と判断し、そこはやめておいたほうがいい**と思います。

ねらい目は、**20万人程度の都市で、かつ同程度の物件が3000件程度ヒットする地域です。しかもその地域にワンルームが多いのであれば、少し広い1DKをねらうべき**です。賃貸需要がまったくない地域で経営するのは不利ですし、競合よりも広さで勝る物件には打つ手の余裕があります。

投資がはじめての人は、需要がありそうで物件が少ない、というのがねらい目の第一条件です。また、20万人程度の都市でも世帯数が人口の35％しかない持ち家志向の地域は、賃貸の需要が乏しく該当しないということも頭に入れて欲しいところです。

自分で建物を建てる場合は、周りにない特徴を持った物件を作ればいいのですが、すでに建っているような中古の物件には、それほど特徴がないものです。そんな中で、他の物件に勝ち続けていくのは、そうとう大変です。

ですので、物件の情報をチェックしたら、それを一つの表にしてみるといいでしょう。表にする項目は、「広さ」「間取り」「築年数」「家賃」です。そうするとどのくらいの物件が、築何年で家賃がいくらになっているのかがおのずとわかってきます。

それはすなわち、自分が買った物件が、その後どのくらいの期間で、どのくらい家賃が下がるかということを表していると考えてください。例えば、購入を検討しているのが現在9万円の家賃で貸している物件だったとします。しかし周りの相場が6万円なら、次に入居してくる人たちには6万円で貸さなければいけなくなるということです。

また、**表にする物件は100ぐらいを目安にするといいでしょう。**

利回りは実際の利回りで考える

このようにネットで検索をするだけで、自分の買おうとしている物件の家賃が「将来何割程度下がりそうか」ということは簡単に予想ができてしまいます。そうすると、現在、利回り10％で売っている物件が、将来は7％になりそうだなとか、7％が5％になりそうだな、と予測することができます（利回りは52ページで詳しく解説します）。

その上で購入しても損にならないかを考えなくてはいけません。

日本では、次々に新しいマンションが作られています。古くなった物件に、前より高い家賃をつけることは、何かしらの対策を打たないとほぼ不可能です。物件を購入して、最初は上々でも、だんだん全体の収入が減っていくものです。多くの方はそういうことをあまり知らずに、もしくは考えずに購入してしまい、何年か経った後に、どうにも回らなくなってしまうという例がたくさん出てくるのです。

[競合物件を表にしてチェック]

	間取り	広さ	築年数	家賃
物件A	2DK	45.78㎡	10年	5.5万円
物件B	2DK	45.32㎡	8年	5.8万円
物件C	2LDK	51.60㎡	10年	6.2万円
物件D	2LDK	55.20㎡	8年	6.3万円
物件E	2LDK	56.56㎡	5年	6.4万円
物件F	2LDK	51.52㎡	10年	6.5万円
物件G	2LDK	55.23㎡	7年	6.5万円
物件H	2LDK	55.34㎡	3年	6.6万円
物件I	3LDK	67.45㎡	10年	6.8万円
物件J	3LDK	68.43㎡	10年	6.8万円
物件K	2LDK	57.05㎡	5年	7万円
物件L	3LDK	68.05㎡	6年	7.3万円
物件M	3LDK	70.02㎡	8年	7.5万円
物件N	3LDK	72.35㎡	3年	9万円
物件O	3LDK	75.53㎡	12年	9.3万円

\ツボ/ 07

入居者が途切れない物件の4つの条件

周辺の公共施設にも注目

単純に駅に近い、20万人程度の都市だという立地だけでは、物件の善し悪しは決まらない、というお話を前にしました。

駅に近い物件は購入するにも競争率が高いですから、よい条件で購入する機会も少ないかもしれません。ただ、たとえ駅から遠くても、安定して入居者が確保できる場所があります。それは**「病院」「スーパー」「学校」「役所」の近く**です。

なかでも、学校の近くの物件は、これまで経験から言うと、最も入居者が出ていきにくい。つまり、入居率が高いのです。学校の近くの賃貸に住むのはファミリー層です。このファミリー層は、基本的に『戸建ては買わない』『分譲を買わない』層と考えてみるとよいでしょう。ズバリ言えば、年収はそれほど高くないというケースが多いのです。ですから、家賃と収入のバランスが取れていたら、あまり引っ越しはしません。言い換えると、長く入居してもらえる層だということです。

また、**学校の近くは、治安が比較的よく、入居者が安心して暮らすことができます。**

また入居者が出ていかないということは、家賃が下がりにくいことを意味します。

例えば、新築の物件に家賃9万円で入居を決めた人がいたとします。その人が10年間住めば、家賃は9万円のままかもしれません。しかし、2年後に空室になったとしましょう。周りにはすでに新築のマンションが建っているはずですから、家賃を下げなければいけなくなってきます。

入居者に長く住んでもらうこと、イコール家賃が下がりにくいということです。こうした物件は次に売るときも物件の価額があまり下がらないというメリットもあります。

事故物件でもすぐに埋まる？

病院、スーパー、役所施設も同様です。生活に便利な施設が周りにあることで、その利便性から、入居者は出ていきにくいものです。この4つの条件がどれほど強いかを証明するような例があります。

私のお客様で、築35年も経っているマンションを持っている大家さんがいます。もうボロボロのマンションですが、自分で一生懸命きれいに掃除をしています。ところがそのマンションで自殺がありました。そういう事情があると、通常は「事故物件」として、家賃を半額以下にしたり、しばらく人を住まわせないようにしたりしないと、次の入居者は現れないものです。

でもそのマンションには、改装をするだけで、問題がある部屋にもかかわらず、「それでもかまわないから、家賃もそのままで入れてくれ」と、すぐに人が入ってきたそうです。さすがに私もびっくりしてその理由を考えてみたのですが、物件の隣が病院、前がスーパー、裏が役所という、好立地でした。

なるほど、**駅から近いだけではなく、条件が揃うと、たとえ古くなっても、そして事故があっても、入居者は途切れない**のだなという体験をしました。

では、「近い」という感覚はどれくらいのことを言うのでしょうか。理想を言えば、1~2キロが一つの目安になると思います。病気のときや、たくさん買い物をして荷物が多くなったとき、なんなく行ける距離です。

こんな物件が見つかれば一も二もなく買うべきでしょう。

[あるとなおよい4つの施設]

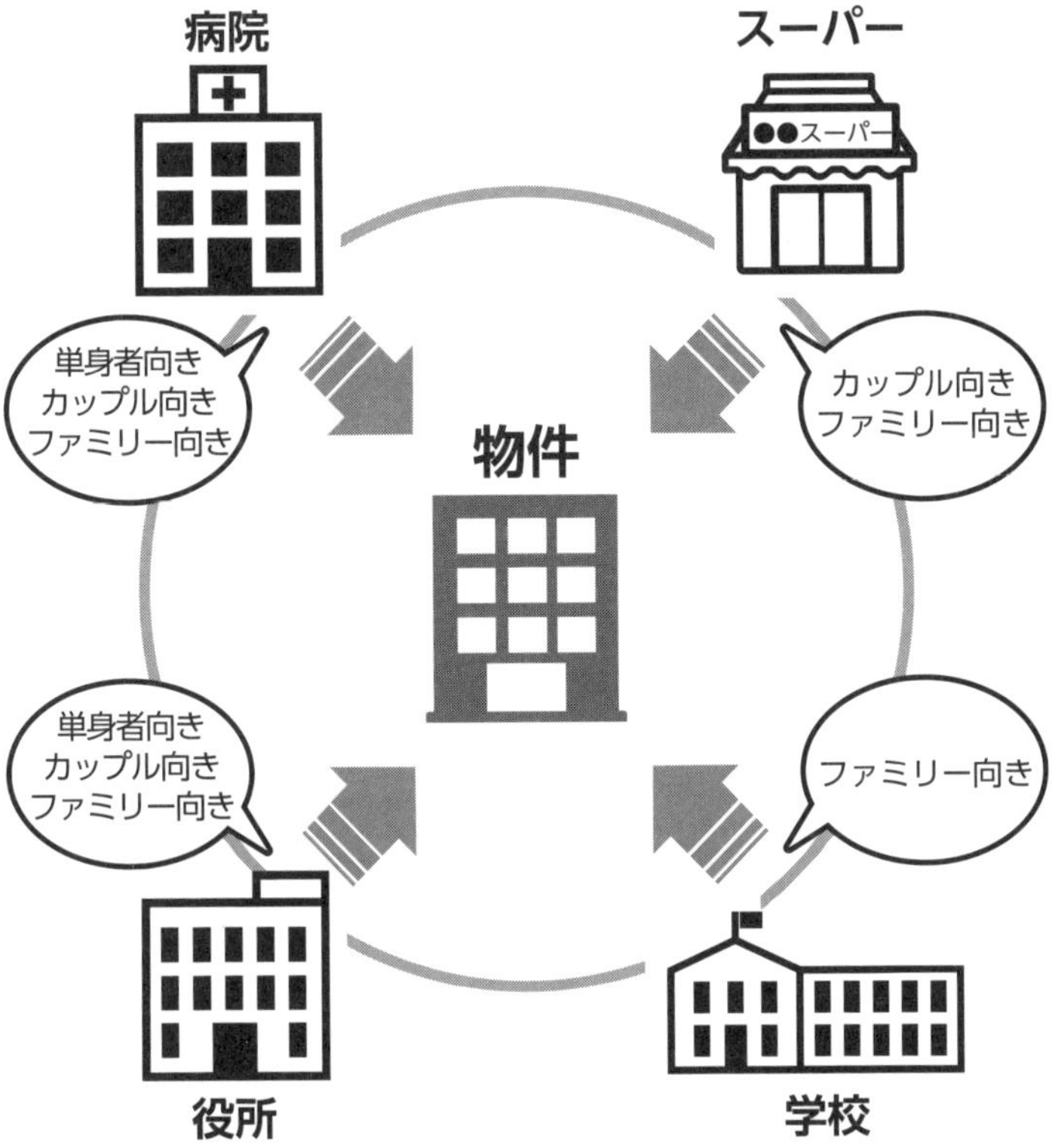

これらの施設が
あるかもチェック

＼ツボ／
08

入って欲しい入居者に選んでもらえる物件にする

ピンポイントのニーズをねらう

大家さんの頭を悩ませるのは、何と言っても空室です。大家さんの気持ちとしては、なるべく高い家賃を取りたい。その一方で入居者は、なるべく安い家賃の部屋に入りたいと思うもの。そのギャップが大きいと、部屋は空室になってしまうのです。

ですから大家さんは、**入居者が物件に家賃以上の価値を感じるように考えなければいけません**。

それの手助けとなるのがマーケティングです。簡単に言えば、どんな物件がその地域で受け入れられるのかを、調べ、考えるということです。

大体、単身者をターゲットにする場合、入居者の年収で最も多いのが年収３５０万円くらいです。その人たちが入れる物件かどうか、そして入りたくなる物件かどうかを考えるのです。人気のある物件の条件として、すでにお話しした学校、病院、スーパー、役所が半径2キロ、最低でも5キロ圏内にある場合は、それを利用する人たちにとって便利だということ以外に、そこで働く人たちにとっても需要があると言えます。

つまり、学校の近くなら先生が、病院の近くなら医師や看護師さんが、入居者になるかもしれません。

ニーズに合った物件にできるかを考える

地域を絞り込む際に、その町にはどんな人が多く住んでいるのかを調べるのも、このことに大きく関係しています。ある程度地域の様子がつかめたら、次は具体的に入居して欲しい人の人物像をプロファイルしていきます。

学校の先生に入居して欲しいと思ったら、学校の先生が喜ぶ環境作りをするにはどうしたらいいか、看護師さんなら、どういう生活をするのかを想像します。「入居者は誰でもいい」と思っていると、誰の心にも響かず、誰も入居してくれません。

くどいようですが、「**どういう人が、どういう生活をするのかをしっかりイメージする**」これが重要なのです。何歳で年収がいくらぐらいある△△さんは、朝は何時に起きて、何時に出勤し、何時くらいに戻ってきて、その後部屋で何をするのか。自炊は週に何回くらいするか、休日はどうすごすのか。

その上で、入って欲しいターゲットに対して、その物件はどんなことがデメリットになるのかそれをどう改善すればメリットに変わるかを考えます。

例えば、狭い部屋でどうやってすごすのかを想像して、快適な部屋はどんなものなのかを具体的にイメージしていきます。一番は実際に買おうとしている部屋に住んでみるのがいいでしょう。そして、予算の許す範囲でできる限りのリフォームを計画していきます（具体的なリフォームの方法は第2章でご説明します）。過去には、もくろみ通りに先生や看護師さんが入居した例もあります。もちろん、そうでない場合もありましたが、たとえ違う職業の方が入居したとしても、それはそれで問題はありません。

一つ言えるのは、**入居する人の人物像をしっかりと意識することが、空室を埋める基本**になるということです。それが、入居者にとって価値のある部屋を作るもとになりますし、結果的に、少しでも高い家賃を取りたいという大家さんの目的にもかなってきます。

[入居者をプロファイルする]

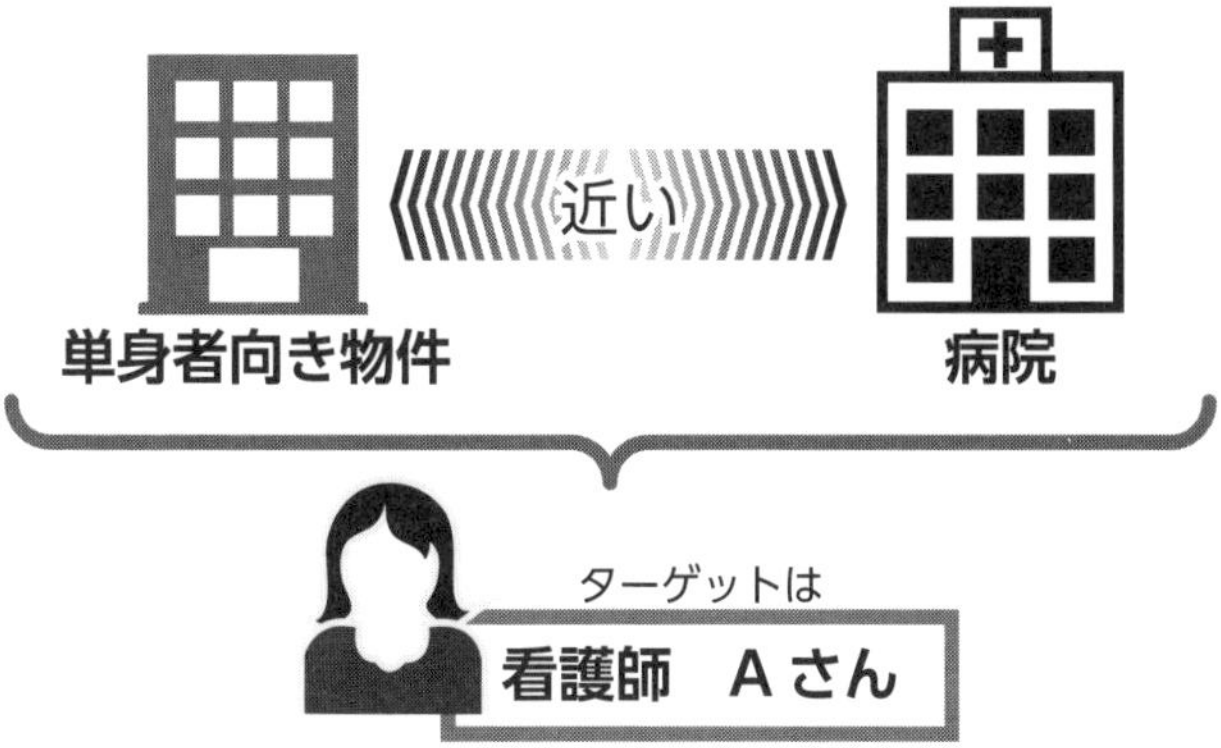

年収は？ → 350万~400万円

勤務時間は？ → 3交代制

6:00 ～14:00
14:00 ～22:00
22:00 ～ 6:00

自炊は？ → 週に3回程度

休日は？ → 家ですごすことが多い

プロファイルの結果と物件の状況を照らし合わせ不便な点は改善する

ツボ 09

意外と穴場？郊外の戸建て賃貸

戸建て賃貸は競合が少ない

駅から遠い物件で需要が高いのが、ファミリー向けの戸建て賃貸です。

前に、「賃貸情報サイトで空室が5000件以上出てきたら、その地域で物件を購入するのは、やめたほうがいい」というお話をしました。

その理由は、その場所に住みたい人に対して、賃貸住宅が多すぎるためです。借りたいという需要に対して物件が供給過多になっている状況です。

そうすると、将来的に家賃をどんどん下げざるを得なくなっていくわけで、これは絶対に避けなければなりません。

その点、**戸建て賃貸は、そもそもの数が少なく、他の物件との差別化がはじめからできている**ということになります。賃貸マンションの数に対して、戸建て賃貸の数は数パーセント程度。ライバルになる同じタイプの物件が少ないので家賃が下がりにくいとも言えます。過去に調べてみたことがあるのですが、賃貸マンションの家賃が2割、3割と下がっている地域でも、戸建て賃貸の家賃は変わらないままでした。

戸建て賃貸の家賃が下がりにくいのには、ほかにもいくつかの理由があります。

例えばマンションの場合、隣の部屋の家賃が下がったことを知ると、「自分の家賃も下げてくれ」と交渉してくる入居者がいます。そのため一部屋家賃を下げると、連鎖的に家賃が下がっていく傾向にあります。

しかし、戸建てなら「隣の部屋」がないので、こうした交渉はまずありません。

入居者がマイホーム感覚で住めるのもメリット

また、見た目は「マイホーム」だということも、入居者にとっては魅力です。実際は賃貸住宅ですが、周りの人からは戸建てなので賃貸住宅には見えません。それも戸建て賃貸の価値を上げている要素の一つです。私も7～8年、戸建て賃貸に住んでいましたが、転勤という大きな理由がなければ、ずっと住んでいたいと思っていました。

そのときに少し興味を持って調べてみると、私と同じぐらいの時期に賃貸マンションに入居した人は、平均して4~5年で引っ越していたことがわかりました。
マンションに比べて戸建ては、一度入居者が入ると、長く住んでもらえるという利点があります。これはどこの地域で統計を取っても、同じような結果になっています。

戸建て賃貸は数が少ないですから、「めずらしいから住んでみたい」というニーズもあります。それに「戸建ては買えないけれど住んでみたい」「いずれ買う予定なので、まずは試しに住んでみたい」という方もいます。一度戸建てに住んで、使い勝手を知ってから自宅を建てるほうが、失敗が少ないでしょう。そういう意味でも戸建て賃貸はおススメです。

また、マンションの場合、どんどん新築が建てられているので、それに伴って家賃がどんどん下げられています。例えば7年前にマンションを建てたとします。入居者の平均入居年数は4~5年ですから、7年の間に入居者は1~2回転します。場所によっては、2年に1回変わります。すると、前の入居者よりも家賃を高く設定することはまずできませんから、空室が出るたびに家賃を下げていかなくてはいけません。一方で戸建て賃貸は、そもそも回転率が低いですし、ライバルの物件も少ない。戸建て賃貸の価値はまだまだ高いと思います。

[戸建て賃貸のメリット]

メリット 1

家賃が下がりにくい

- そもそも数が少ないので他の物件との差別化が容易
- ライバルが少ないので家賃を下げなくて済む
- 家賃交渉のネタとなる隣室がない

▼

家賃は相場より 2～3 割程度高い

メリット 2

長く住んでもらえる

- 見た目は「マイホーム」なのでファミリー層には魅力的
- ファミリー向けなので子どもの学校の関係などで転居しにくい

▼

転居は平均 7～8 年のサイクル

メリット 3

駅から遠くても OK

- ファミリー向けなので多少駅から遠くても OK
- 駐車場があればなおよい

▼

駅から徒歩 15 分以上でも入る

ツボ 10

不動産投資でもまだまだニッチなマーケット

賃貸マンションより戸建て賃貸がいい理由

戸建て賃貸についてもう一つ。以前、こんな事例がありました。それは、300坪の土地を相続されるお客様の話です。そのお客様は相続時にはそれを分ける可能性があるから、その土地にいくつかの戸建て賃貸を建てたいといった相談でした。

しかし、その方の税理士さんは、一括借り上げ（66ページ参照）はさせない、借金はさせない、戸建て賃貸も損をするという見解でした。

とても難しい条件でしたが、その税理士さんに納得してもらえるようなプランはないかと頭を悩ませました。4カ月くらい悩んでいる間に、そのお客様は大手の不動産会社や建築会社にもプランを立ててもらったりもしていました。

そこで私が提案したのが、３００坪を8区画に分けた戸建てプランでした。8戸の戸建てのうち3戸を売ると借金がなくなり、残りの5戸を賃貸にすると収入になるというものです。

そのお客様が大手不動産会社や建築会社から見積もりを取った際は、どこも「建物を建てるが、利回りが非常に低い」というプランしか出なかったそうで、私の出したプランで納得していただきました。

その8戸の戸建ては、町の中で、快適にすごせるモデルルームのような暮らしをイメージして建てました。全体を見渡せる広い部屋が魅力でお店としても使えるように設計にも工夫をしました。

また、田舎の田んぼが広がる場所も近くにある中で、違和感なく、かつ目立つ戸建てを建てました。実際に店舗として使っていただいているところも2戸あります。

物件の力があれば家賃も高く設定できる

ただ、実際にこの戸建てを賃貸として貸し出そうという段になって、問題がありました。地元の仲介業者は、２ＬＤＫで70㎡ぐらい（その戸建ての広さ）の賃貸なら6万

5000円の家賃が相場だろうと言うのです。

確かに、そこは賃貸に住む世帯の年収が200万円くらいの地域でしたから、そう言われるのももっともだと思います。周りのマンションの家賃もそのくらいでしたから、高くすると入居者が来ないと言われ、案件を引き受けてもらえなかったのです。

しかし、私は家賃9万5000円がつけられると確信していましたから、自分で集客をしたところ、案の定、すぐに入居者が決まりました。

2LDKの賃貸マンションの相場が6万5000円の地域で、9万5000円のマンションに住もうという人はなかなかいません。

しかし、**戸建て賃貸なら同じ条件でマンションとは比較ができない**ことはすでに経験してわかっていましたから自信があったのです。結果的に見学されてすぐに決めて、そのまま何年も借りている方もいます。今でも全室から9万5000円の家賃が取れています。

通常、家賃9万5000円の賃貸に住む方の年収は500万~800万円が多いのです。けれども**戸建てになら少し頑張って家賃を払ってもいいという魅力があります**。そのため、相場よりも高い家賃が取れるのです。

[戸建て賃貸なら家賃が高くても OK]

戸建て賃貸の例

この物件のポイント

- 店舗にできるほどお洒落な造り
- 周辺地域でも目立つよう、雰囲気を整えた
- 通行人を意識して通りからの見え方にも配慮

結果

周辺の相場より
家賃が 3 万円高くても満室に

ツボ 11

広告の「利回り」の数字を信じてはいけない

「利回り」の落とし穴

この章の最後に利回りの話をしておきましょう。不動産投資物件の広告には、必ず「利回り○％」という数字が表示されています。この「利回り」の計算がわかっていない方が予想以上に多く、驚かされます。

日本で言う「利回り」は、「表面利回り」です。６０００万円の物件で、利回り10％なら、６００万円が家賃収入になるということです。

けれども、アメリカなどで言われる「利回り」は、投資した額に対して、自分の手元に残る金額のパーセンテージのことを指します。

例えば、先の６０００万円の物件を購入するには、税金や各種費用などで、お金はもっと多く必要になります。また、家賃収入の６００万円からは、諸経費を引かなければばいけません。つまり、**家賃収入から諸経費を引いた額が、手元に残る金額**です。

そうすると、広告などで、利回りとしてうたっているパーセンテージは実際には低くなり、手元に残る金額も少なくなります。これが「利回り」の落とし穴なのです。

表面利回りが10％なら、実質利回りは7％ほど

具体的には、6000万円で買うとするならば、登録免許税や不動産取得税、印紙税といった各種税金に加え、不動産登記を頼む司法書士への報酬などもかかってきます。また、中古物件なら仲介手数料もかかりますので、物件価格のおおよそ7～8％程度のお金が余計にかかります。

また、表面利回り10％で計算した、年間家賃収入の600万円からは、固定資産税、建物の管理・掃除代、消防点検代、家賃の管理を委託すればそれも諸費用として引かなければなりません。大体こうした経費は、収入に対して20％くらいはかかってきます。

600万円の収入なら、120万円かかるということです。

さらに、**広告に書かれてある表面利回りは、「満室を想定している」**ので、これも大きな落とし穴となります。

どれぐらいの頻度で空室が出るかといったことはたいていの場合教えてもらせませんが、目安としては、中古物件なら年間収入の5％くらいはマイナスになる（空室による損が出る）と見ておいたほうがいいでしょう。

これらのことを踏まえると、**表面利回りが10％なら、実際は7％くらいになる**と計算できます。

ローン金利が物件の利回りを超えている時点で赤字

物件の購入時にローンを組んでいれば、その返済分も差し引かれます。ローンの金利が利回りのパーセントを上回っていると、収益が出るどころかマイナスです。

以前、破産寸前になって相談にいらしたお客様がいました。物件の状況を聞いてみると表面利回り3％に対し、借りている金利が4・2％だと言うのです。この時点でもう赤字です。その方は年収1000万円以上のとても頭のキレるタイプでしたが、この方だけでなく意外とこんな単純計算に気付かない（気付けない）方は多くいます。

入ってきた家賃と経費として出ていくお金は、しっかり予測を立てておかなければ、賃貸経営の目標は達成できないと考えておいてください。

[実質利回りを割り出そう！]

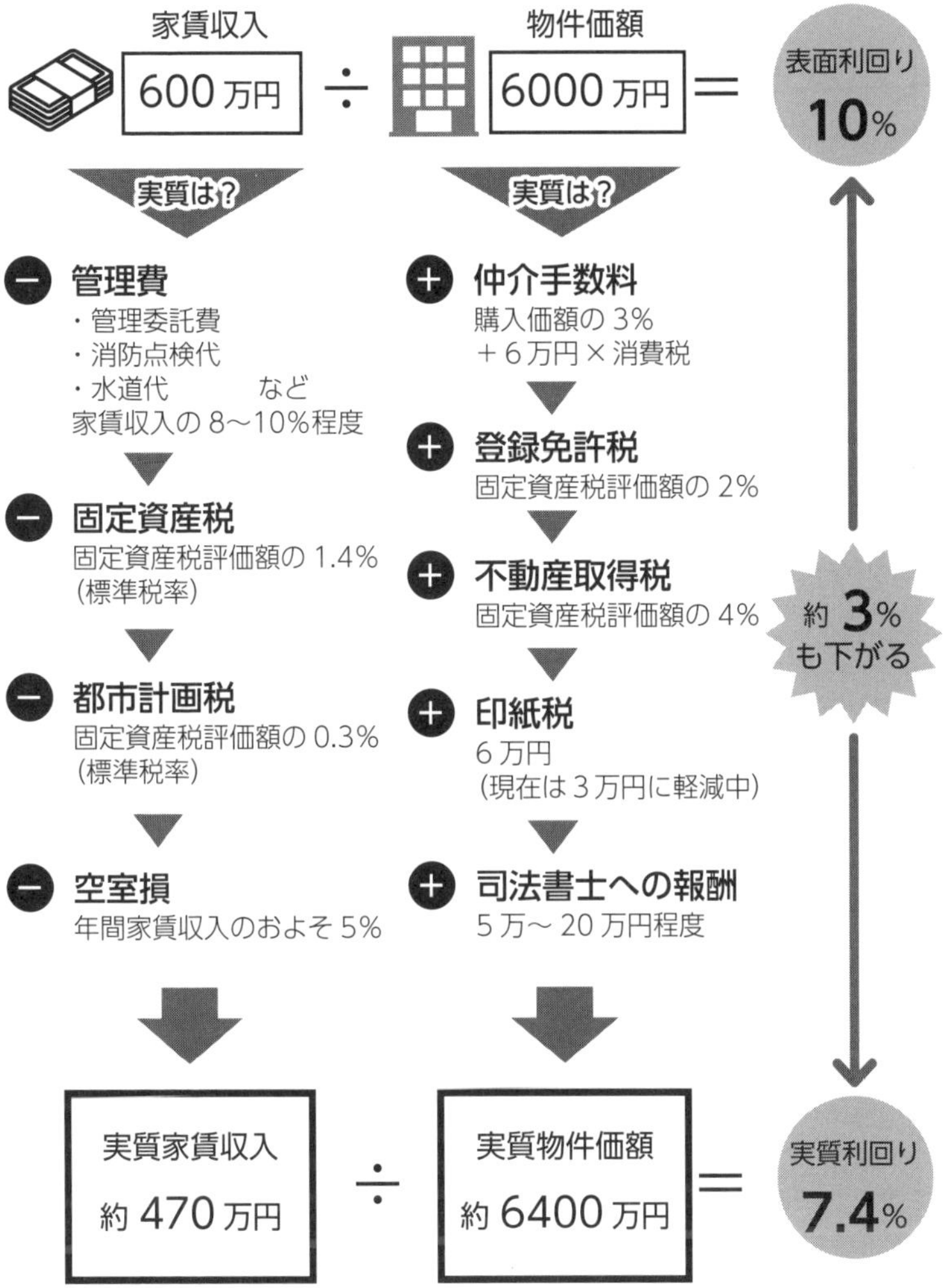
家賃収入
600万円
÷
物件価額
6000万円
＝
表面利回り
10%
実質は？
実質は？
管理費
・管理委託費
・消防点検代
・水道代　　など
家賃収入の8～10%程度
固定資産税
固定資産税評価額の1.4%
(標準税率)
都市計画税
固定資産税評価額の0.3%
(標準税率)
空室損
年間家賃収入のおよそ5%
仲介手数料
購入価額の3%
＋6万円×消費税
登録免許税
固定資産税評価額の2%
不動産取得税
固定資産税評価額の4%
印紙税
6万円
(現在は3万円に軽減中)
司法書士への報酬
5万～20万円程度
約3%
も下がる
実質家賃収入
約470万円
÷
実質物件価額
約6400万円
＝
実質利回り
7.4%

Column／満室大家さん　その❶

1年で資産6億円すべてを頑張るシングルマザー

翻訳家大家さん
不動産投資歴／5年
賃貸年収／6000万円

小さな2人の子どもを抱えてシングルマザーとなった彼女は、必死で仕事と子育てをしてきました。彼女の仕事は翻訳業。仕事の選び方とスピード、覚悟が違うためなのか、2000万円もの収入を得るまでに頑張り、あるとき不動産投資の世界を勉強し始めます。

まずは収入の目標を定め、不動産の専門家にコーチングをしてもらおうとプロを探します。そんな中、ある社長の不動産投資に関する講演を聴いて、この人だと思い、思い切ってコンサルティングを依頼しにいきました。しかし、そのときは「そんな仕事はしていない」と、断られたそうです。

けれども、彼女の情熱と人柄でしょうか、忙しい仕事を抱える社長にコンサルタントとして、アドバイスを依頼し、目標を定め、銀行融資のためのノウハウを学び、ついに投資物件を手にしました。

そうして、一年ぐらいで3億円の賃貸マンションを2棟購入、資産6億円、年収6000万円を得ることになります。プロの私から見ても驚きのペースと言えます。

彼女は、たとえ子どもが医者になりたいと言っても学費が払えるほどの資力をつけるため、収入を増やそうと必死に頑張ったと言います。

普段は、ゆったりした優しい雰囲気の女性ですが、成功の裏には強い覚悟と意志、そして明確な目標があったのです。

第2章

お金が貯まる賃貸住宅を手に入れるポイント

ツボ 12

賃貸を建てる場合は経営の視点を忘れずに

工務店に頼むか、設計士に頼むか

みなさんが賃貸住宅を建てる場合、どこに注文すればいいとお考えでしょうか？

おそらく、「建築会社だよね」とお考えの人が多くを占めるのではないかと思います。

賃貸住宅の中でもアパートなのかマンションなのか、規模はどのくらいなのか、木造・鉄骨・鉄筋コンクリートのどれで建てるのかによっても違いがあります。ここでは、3000万円から5億円くらいまでを想定してお話をしましょう。

実際に注文する選択肢は4つあります。

一つ目は「**工務店に頼む**」、2つ目は「**ハウスメーカーに頼む**」、そして3つ目は「**設計士に頼む**」、4つ目は「**コンサルタントに頼む**」です。

では、この4つの違いを簡単にご説明します。

工務店は、1億円ぐらいまでの賃貸住宅を木造や鉄骨などで建てる業者と、鉄骨や鉄筋コンクリートの5億円ぐらいの建物を建てる業者とがあります。また、一つの案件をすべて一括で請け負うことができます。工務店には設計士もいらっしゃいますが、自分で想像力を働かせてデザインを生み出す仕事はしないので、独創的な設計は苦手だと思ったほうがいいでしょう。

ハウスメーカーは、独自の企画で自社商品を持っており、部品も自社で作ります。パッケージ商品をパンフレットから選び、セミオーダーで間取りも含めた賃貸住宅を短期間で建てます。ただプランには制約があり、自由な設計はあまり期待できません。

設計士は、賃貸住宅の設計を行い、建築は行わないので工務店などを使って建物を建てます。自由な設計で賃貸住宅を建てることができます。そして、しっかりと施工の管理をしてくれるので建物は素晴らしく、いいものができあがります。

設計士は、設計だけで食べている人たちですから、いろんな建物の要望に柔軟に応えることができます。しかし彼らは、「自分の作品」を作ることが専門の、いわば芸術家。クライアントの賃貸経営の収支についての考察は、彼らの仕事ではありません。

各業者の得意分野を見極める

では、４つ目の選択肢の「コンサルタントに頼む」とどうなるでしょう。

コンサルタントに頼む場合は、賃貸のニーズを調べ、最適な入居者を想定し、投資効率を考えて建築費と家賃収入を組み立てて建築のアドバイスをしてくれます。

一般的には、賃貸住宅を建てる側は、建てるとそこで仕事が終わります。しかし、賃貸の大家さんは建てたその日から仕事が数十年にわたってはじまるのです。

どんどんと人口が減ってくる状況下で、これからは建てた後の賃貸住宅の運営を相談できるコンサルタントに頼み、建てた後も空室の相談もしていく方法が必要になってくると思います。

空室の原因はほぼ7割が、建てたときに原因があると言われています。建てるときにしっかりとどんな人に住んでもらうのかを検討して建てていれば、すぐには空室にはなりません。コンサルタントは、そのようなことも考え、設計士をコントロールし、工務店を監督する役目を担います。

あらゆるデザインに対応できる設計士に設計してもらい、技術のある工務店に建築し

［物件を建てるときの4つの選択肢］

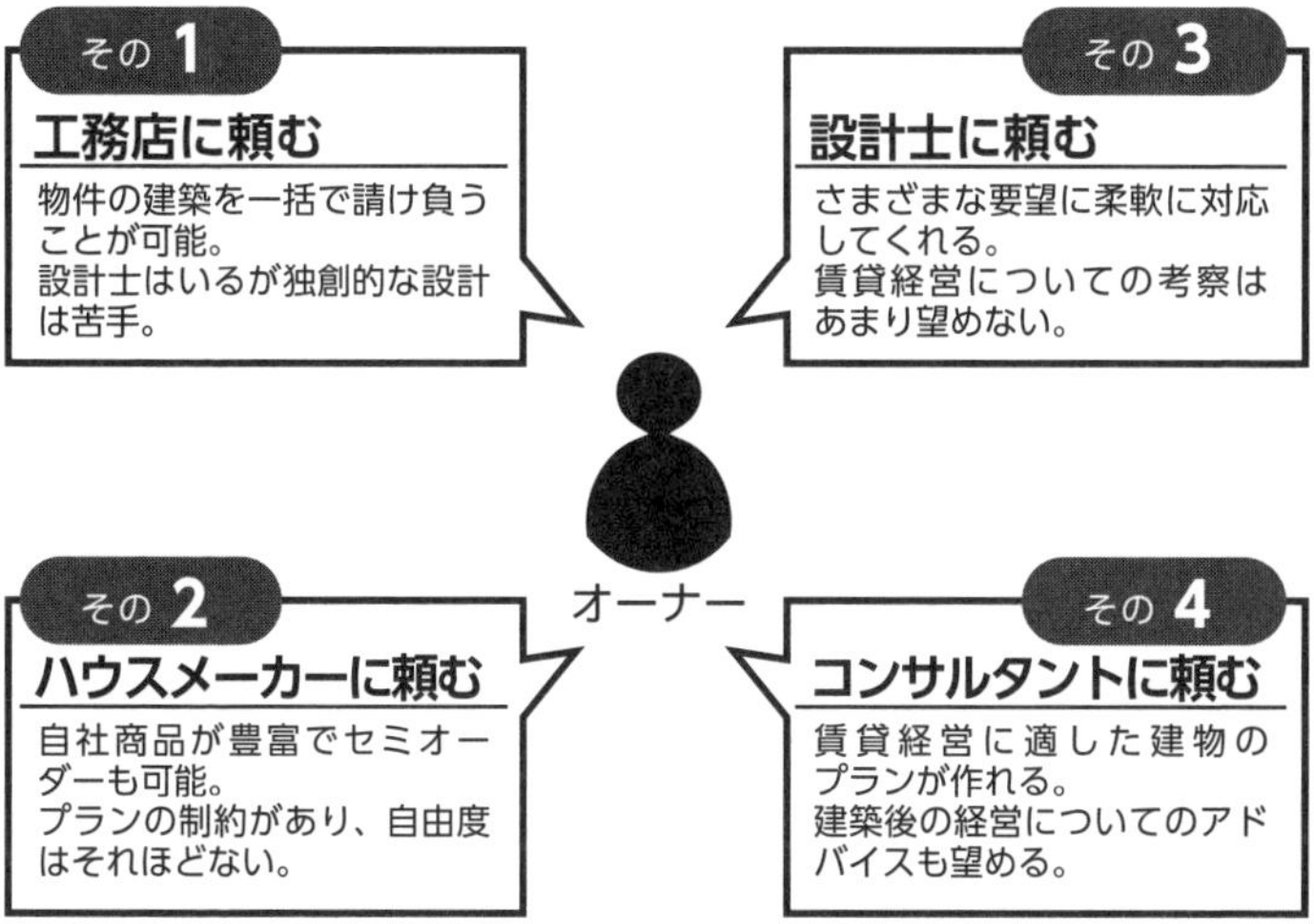
その1
工務店に頼む
物件の建築を一括で請け負うことが可能。
設計士はいるが独創的な設計は苦手。
その3
設計士に頼む
さまざまな要望に柔軟に対応してくれる。
賃貸経営についての考察はあまり望めない。
オーナー
その2
ハウスメーカーに頼む
自社商品が豊富でセミオーダーも可能。
プランの制約があり、自由度はそれほどない。
その4
コンサルタントに頼む
賃貸経営に適した建物のプランが作れる。
建築後の経営についてのアドバイスも望める。

てもらう。そして、これらの方々に別々に頼んだ場合、自身で行わなければならなかった管理・監督をコンサルタントが引き受けます。

またコンサルタントは、賃貸経営のプロフェッショナルです。

建物を建てるだけではなく、どういう**建物を建てたら大家さんが儲かるかを考え、設計し、建築します**。この視点がなければ、賃貸経営の成功はつかめないと言っても過言ではありません。

コンサルタント料にかかる費用は、10年後、20年後の収益を考えたら、決してマイナスではないはずです。

ツボ 13

建築業界の構造を知り効率よく物件を建てる

建築業界のピラミッド

少しここで、建築業界の仕組みのお話をしておきましょう。

建築業界は、ピラミッド型になっています。一番上が資産の規模が違う一部上場企業で、テレビコマーシャルなどでよく見かけるところです。顧客から直接発注を受ける元請け業者でもあります。そこから下が、一次請け業者、そのまた下が二次請け業者となっていきます。

一部上場企業では、お客様とのやり取り、設計などを担当しますが、実際の施工は何社かに分散させて一次請け業者に回します。一次請け業者は、請け負った業務の進行を管理し、その作業を二次受け業者に委託します。元請け業者は、作業を外注することで、自身の会社で大人数の職人を雇うリスクを軽減できます。

一方で下請け業者は、小さな会社であっても宣伝費などをかけずに安定して業務を得ることができます。二次請け業者ともなるとその規模が小さくなり、三次請け業者には電気、土木、水道、大工、塗装、タイル、床などと、職人さんが細分化されていると考えてください。しかし、発注する側にとっては、間に業者が入る分だけそこに各業者の利益がのってきますので経費がかさんでいるとも言えます。

下請け業者に直接発注できれば、その分安く建築できますが、本来は元請け業者がやっている監督業務をこなさなければいけません。自分でしっかり監督しないと、何をされるかわからないという怖さがあります。ここは、費用との相談となりますが、建てるマンションやアパートの規模に応じて建築会社を選びたいものです。

どうやってコストカットするか

建物を建てる場合、なるべく安い値段で、しかもいいものを建てたいと、誰もが思うものです。しかし、安易に値切ってしまうと、設計図ではわからなかったところが意外と使いにくかったり、建築に時間がかかったりなど、さまざまな問題が出てきます。

一般的に建築で問題とされている、耐震性や耐久性は、一般の人からはわからない建物内部の問題です。ここをしっかり管理する必要があります。

建物の工法もさまざまです。昔ながらの家を建てるのか、パネル工法で建てるのか、耐火性のある柱を用いる木骨造で建てるのか。耐震性があって安全で、人に貸し出せるレベルで言うと、ハウスメーカーの賃貸住宅で充分建築基準は満たしています。

でも、もし高級賃貸にしたいのなら、大手の建築会社に依頼するのもよいでしょう。戸建て賃貸を建てる場合、72平米くらいだと、建物自体は800万円とか900万円で建てられます。そこに電気や水道といった設備を引くための費用がかかるので、トータルで1100万円くらいかかると考えてください。

建築費を考える際は、取れる家賃を想定して、家賃の1年分を建築費で割って投資利回りを計算します。例えば、13万円で貸せる戸建て賃貸を1100万円で建てたなら、利回りは次のように計算できます。

13万円×12カ月＝156万円⇒156万円÷1100万円＝0・1418

つまり、この場合は投資利回りが14％となります。また、土地を購入するなら土地代金も含

［建築費とコストカット］

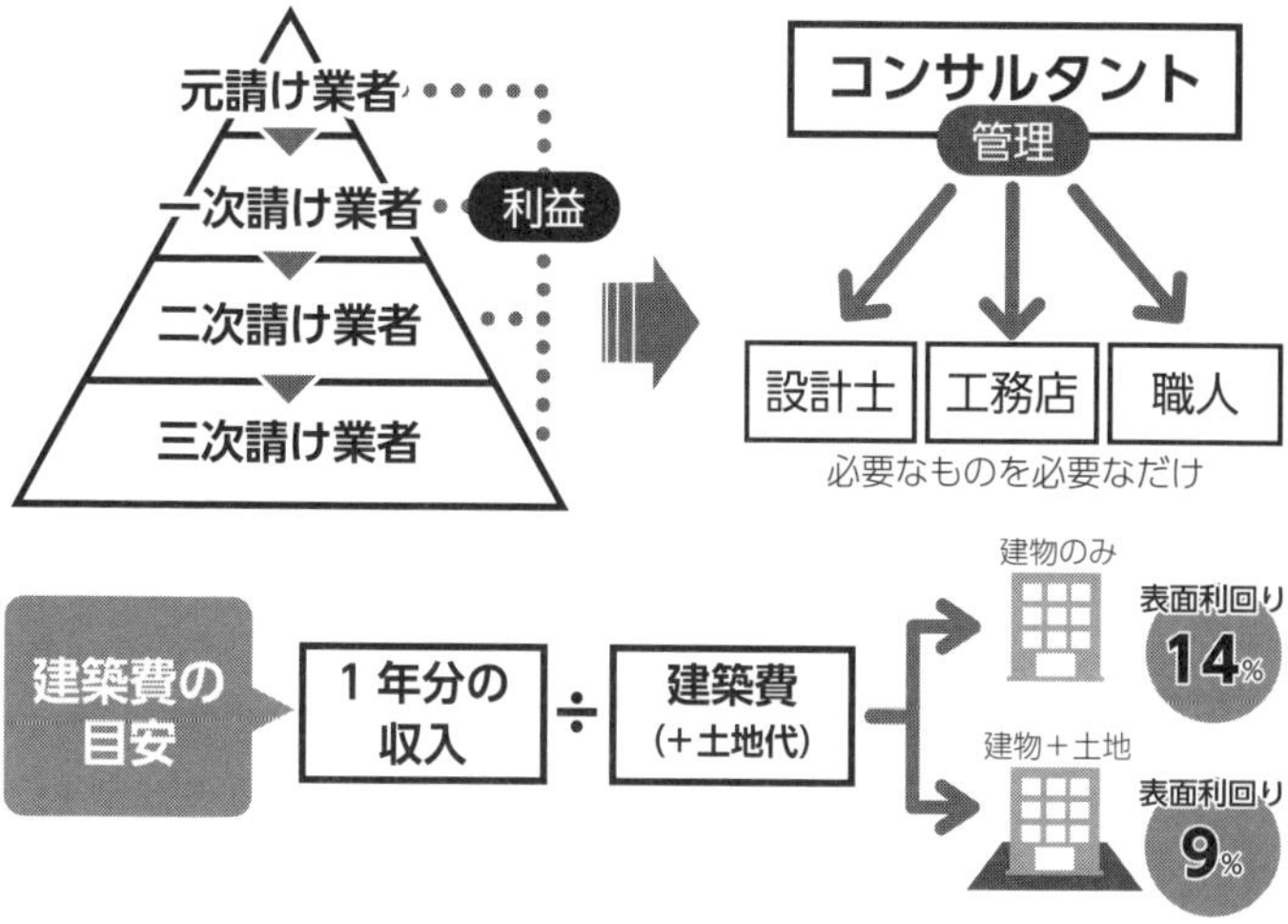

めて家賃の1年分の収入÷（建築費＋土地代金）で9％を目指してください。そこから建築費を割り出して、費用を抑えて建てていくべきです。

　建物を建てるときの費用の内訳ですが、実は材料費よりも人件費のほうが多いですから、材料費を削るよりも、いかに効率よく建てられるかで、コストが変わってきます。私たちコンサルタントは、大手が下請けに使っている業者に建築を依頼しています。仕事のレベルが高いので、こちらが管理さえしていれば安心だからです。また、直接業者に発注することで、建築費を抑えることができます。

　しかし基本的には、**建築費を抑えたいなら、せめて戸建てなら2棟以上建てないと厳しい**と考えておいてください。

ツボ 14

大手不動産会社の30年一括借り上げは要注意

建ててから10年は大家さんの勉強期間

「30年一括借り上げで、安心の賃貸経営をはじめてみませんか」。最近、このような広告をテレビや新聞で目にしたことはないでしょうか？

これは「サブリース」と言われるもので、一般的には30年の間、不動産会社が家賃の保証をしてくれるというものです。もう少し詳しく説明すると、借り上げた不動産会社は、その期間、入居者が退去した後の原状回復、掃除やクレームの対処などを一括して見てくれます。

もちろん無償ではなく、不動産会社は賃貸住宅の建築で利益を得ます。また、借り上げ期間中は家賃の10～15％を手数料として取ります。

ただ、大家さんの負担が大幅に軽減され、しかも収入が保証されていることを考えると、「素晴らしいシステム」に見えるでしょう。

一括借り上げの落とし穴

しかし私は、この一括借り上げはおススメしません。

なぜなら、賃貸住宅は、新築のときが一番儲かるからです。日本の建築技術は世界一ですから、新しければ新しいほど、性能のいい設備が安価につけられるようになっています。入居者も、新築を好んで選びます。

また、新築時は入居を希望する人が最も多い時期で、家賃も高く取れます。建物は新品できれいですから、修繕もほとんど必要ありません。こうした**経営上非常に美味しい時期に、他人にすべてを任せてしまうのは、とてももったいない**ことなのです。

その上30年経って、借り上げ期間が終了した頃に、いきなり手元に人気の衰えた物件が残されるのです。周囲には新しいマンションがたくさん建っていて、入居者の数も減っているでしょう。設備も老朽化していて、修繕が必要かもしれません。

それまで経営に携わってこなかった分、どうしたらいいのかわからなくなってしまいます。

また、**一括借り上げは、定期的に家賃の見直しがあります**。空室率が上がると、家賃を下げてはどうかと提案されるのです。このままでは空室率が上がるばかりなので、大規模な修繕が必要などと、新たな出費を迫られることもあります。もちろん不動産会社はそこでも利益を得るわけです。

これからお話ししていきますが、大家さんの努力次第で、家賃はキープできることもあるのです。もちろん入居率も上げられます。

「古くなったから」「空室率が上がったから」と安易に家賃を下げていては、利益は減るばかりです。

新築マンションを建ててから10年は、大家さんの勉強期間と考えてください。入居率も高く、設備の入れ替えもほとんど必要のないこの時期に、不動産経営というものがどんなものなのかを学ぶべきです。

手のかからない新築のときに経営を学んでおけば、いざ10年、20年と年月が経って設備が古くなっても、対処の仕方がわかっていることでしょう。

[一括借り上げは要注意]

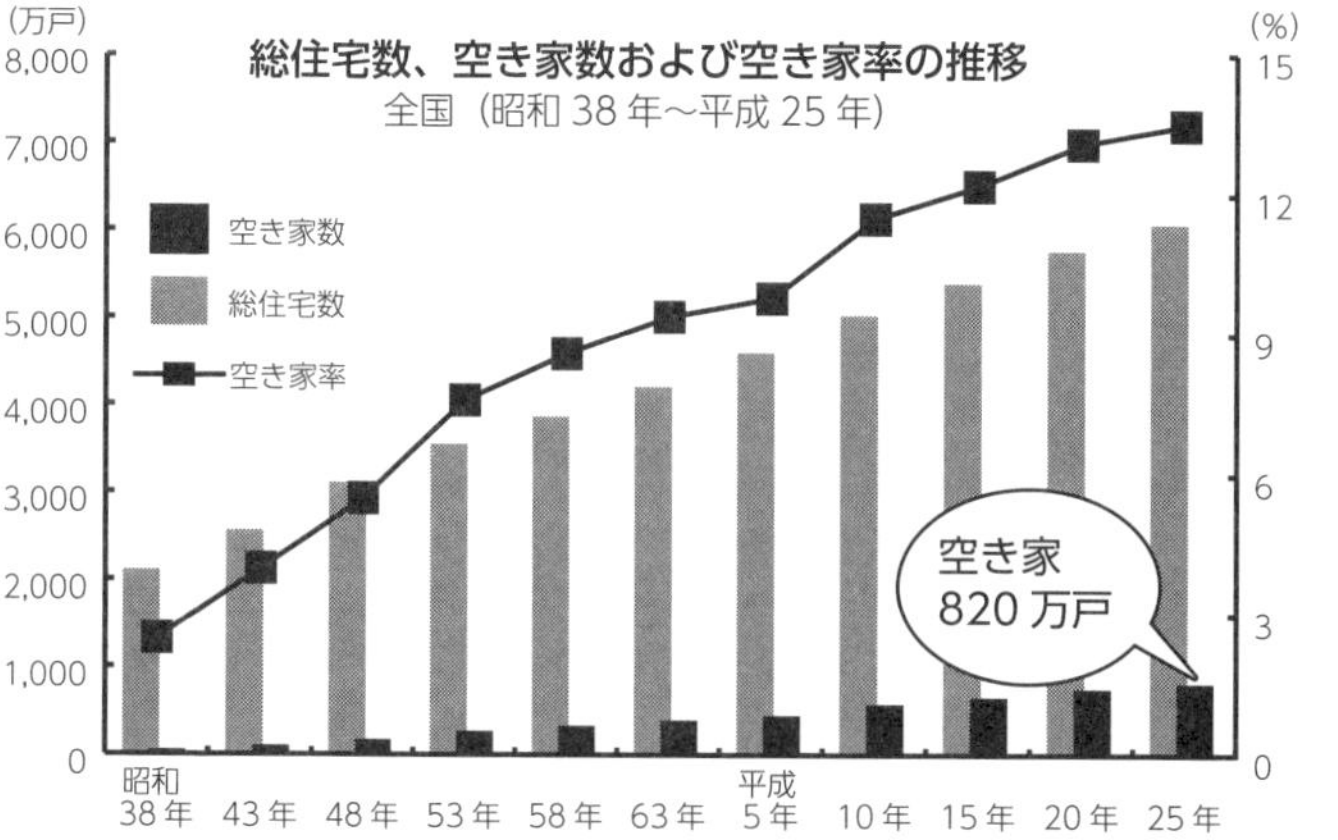

出典：総務省統計局　平成25年住宅・土地統計調査（速報集計）

空き家は年々増加 ➡ 8戸に1戸は空き家の時代

なぜ、一括借り上げが成り立つのか？

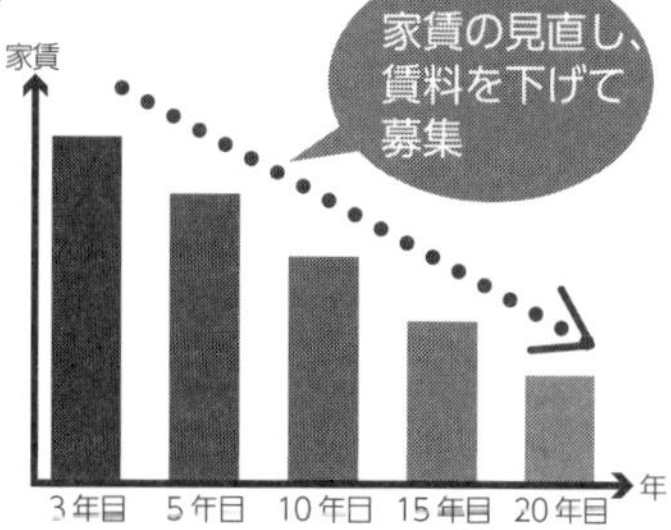

建築費や修繕費に「空室リスク」が上乗せされている

定期的に家賃の見直しが入る（2年に1回が多い）

＼ツボ／

15 健康診断をするように建物も〝診断〟する

買ってから「しまった」ではもう遅い

中古の賃貸住宅の場合は、どんな建物を購入したらいいのか、なかなかわからないものです。

建物は、「どこの建築会社が建てたものか」また、「いつ頃建ったものか」が重要になってきます。

たとえ「安く買えた」と思っていても、雨漏りや耐震性の問題で、購入後すぐに修繕が必要になったりすることがままあるのです。

大手建築会社の建物だからといって無条件に安心できるというものでもありません。

建築の現場監督の腕次第で、いいものができたり、悪いものになってしまったりすることもあり、素人ではなかなか判断がつきません。

以前、私が相談を受けた物件は、築4年のアパートでしたが、階段の塗装は所々剥がれ落ち、とても新しいものには見えませんでした。

また、建築費を安価に上げたためか、水回りの洗面やお風呂は一段上がっていて、玄関から部屋に入るところは逆に1段下がっている、とても不便な感じの造りになっていました。入居者もそう思うのか、結果的に半分の部屋が空いている状態でした。

購入してしまった後で、こうした不具合を見つけても、お金をかけて修繕するしか空室を埋める道はありません。

中古物件は診断をしてから購入を！

ですから、賃貸経営をはじめたばかりの人は、「ホームインスペクション（住宅診断）」を行うことをおススメします。

ホームインスペクションとは、住宅診断士（ホームインスペクター）によって、建物の劣化状況、欠陥の有無、改善すべき点、それらを修繕した場合の費用などを詳細に診断してもらうことです。

費用は5万円から数十万円程度です。たとえ、購入する建物が2000万円や

3000万円のものであっても、診断しておくことをおススメします。

もし診断の結果、修繕費用が莫大にかかることがわかって、購入をしなかったとしてもいいのです。

どんな物件が危なそうなのか、どういうところに欠陥が現れるものなのかを知るよい経験となるでしょうし、大きな負債を抱えずに済んだと思えば、安い額だと言えます。

物件の修繕で、いつ、どのくらいの費用がかかるかがわかっていると、利回りの計算もしやすくなります。突然修繕費が必要になって、慌てて借金をする、ということも防ぐことができます。また、**修繕が必要であることがわかると、その情報を盾にして購入金額を下げる交渉も可能**です。

もし、購入金額から修繕費用分をまけてもらえたなら、費用をかけて調べた甲斐があったというものです。なお、一級建築士の先生なら、ホームインスペクションができる方は多いです。

[ホームインスペクションの仕組み]

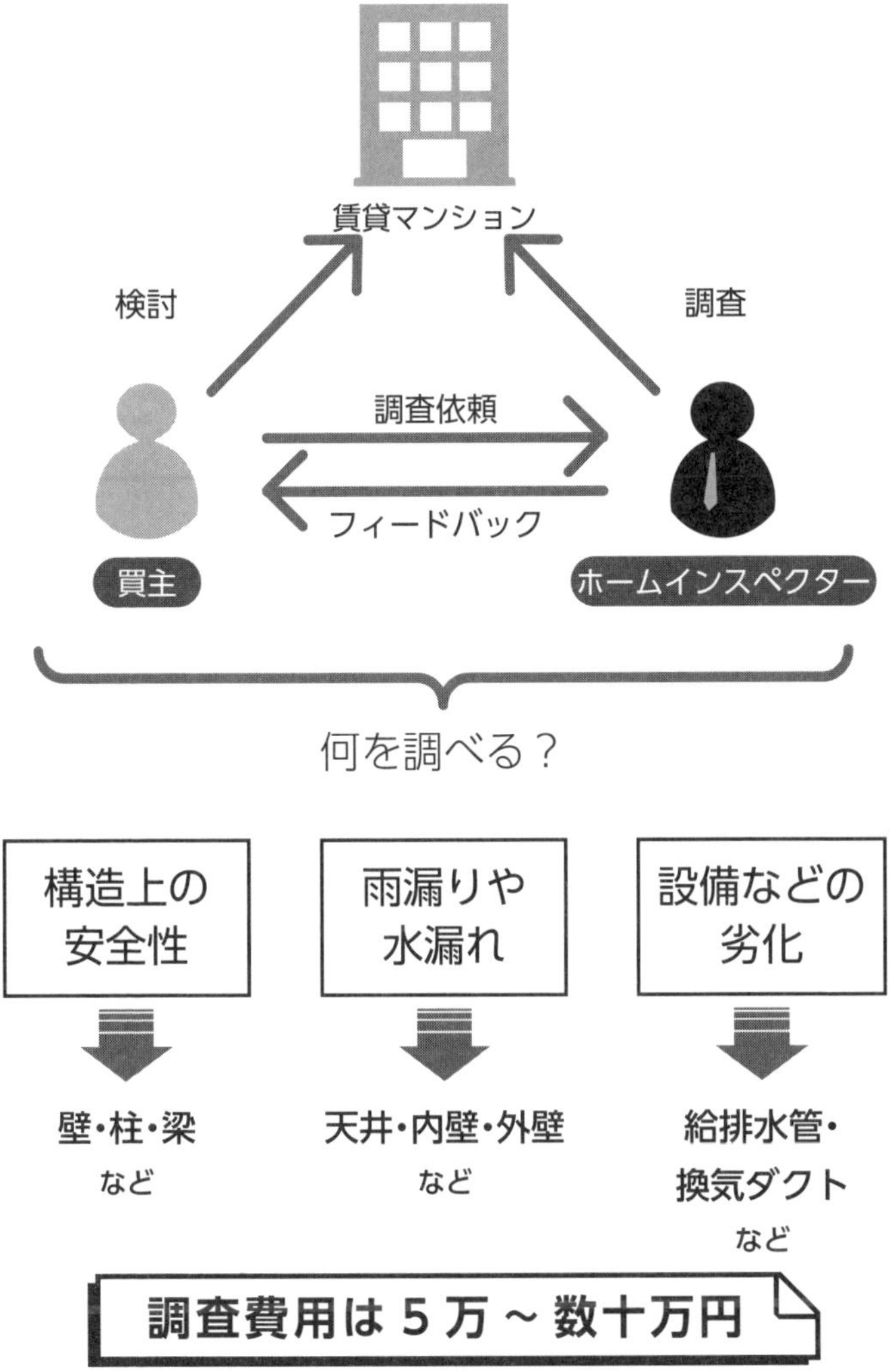

ツボ 16

見えない費用を考えればコンサル料は高くない

コンサルタント料は決して高くない

賃貸経営の基本は、「入居者が入ってはじめて収益になること」です。当たり前のような話ですが、これがなかなかピンと来ない方が多いのです。

新築のマンションと、築10年のマンションは、お客様へのアプローチは同じでよいでしょうか。築10年と築30年なら、家賃はどのくらいに設定し、修繕費はどのくらいかかってくるでしょうか。

それぞれの状況はまったく異なります。しかし、**建築会社はもちろん仲介業者も、賃貸経営についてのプロではありません。大きな額の投資をして、それを回収するために、どう経営をしたらいいいかを考えるプロが、コンサルタントです。**

しかし、このコンサルタントに支払う費用を「高い」と思われる方が多いのです。

先日も、3億円ほどかけてマンションを建てたいので、コンサルティングをして欲しいという依頼がありました。私たちは、建築費用の3%をコンサルタント料としていただいているのですが、その方は「そんなお金はありません」とおっしゃるのです。

知らないうちにかかっている費用がある

少し想像してみてください。

マンションを建てたいと思った場合、いろんな方に相談すると思います。それは建築会社かもしれないし、税理士さんかもしれません。

相談を受けた方、例えば工務店が設計士を紹介したとします。するとその紹介料だけで3%が発生していることもあるのです。また、いろいろな人が、「この建築会社はいいよ」と紹介してくれるとします。**費用が目に見えているのか、隠れているかの違いだけで、人を動かすときには必ず費用がかかっています**。

目に見える形で、3%の費用をいただくことは、決して高い金額ではないと考えています。何も紹介料が悪いと言っているのではありません。

紹介する＝情報を提供する、ということはとても大切なことです。目に見えない価値に対価を払って頼むということですから。紹介＝情報に支払うのか、コンサルタント料を支払って、これから30年、40年と賃貸経営をしていくための情報を提供してもらうのか、また両方に支払うのか、どれも賃貸経営にプラスになるものだと思います。

ただ、私は目に見える形で、３％の費用をいただくことは、決して高い金額ではないと考えています。建築業界は本当に複雑で目に見えない情報が多いと言えます。私たちのようなコンサルタントは、目に見えない大きな価値のある情報を見える形で提案していますが、そもそも日本人はそこに費用をかけることに慣れていないのかもしれません。**コンサルタント料の３％には、これから30年、40年と賃貸経営をしていくための情報提供料が含まれています。**

また、物件の建築やリフォームなどの際に、どうやってコストカットをしたらいいかのアドバイスもしています。ここで３％くらいのコストカットは可能です。

賃貸経営をはじめる前に、しっかりと必要な資金をかけておくことは、その後安定した収入を得るためには不可欠です。

[不動産コンサルタントの仕事]

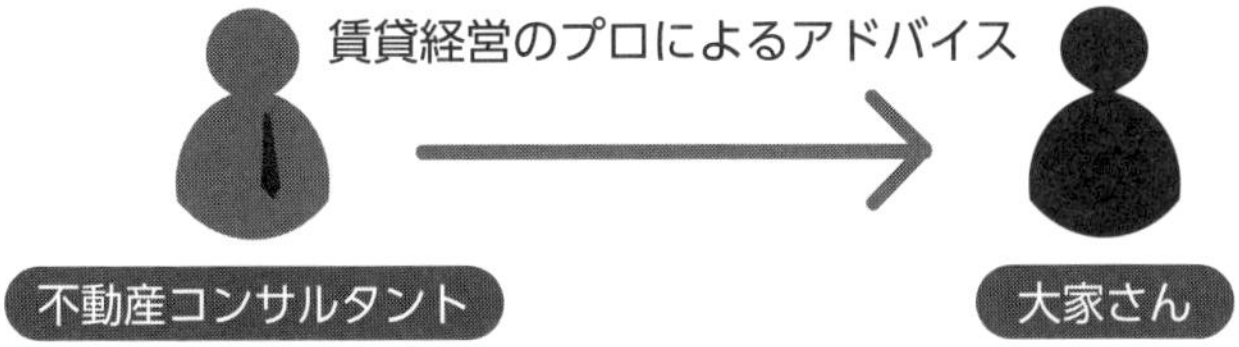

市場調査
- 地域の人口・年齢層の調査
- 周辺施設・周辺企業の調査
……………………など

物件のアドバイス
- 家賃の検討　ターゲットの絞り込み
- 競合物件の家賃帯と数の調査
- ターゲットに喜ばれる広さや間取りの検討
……………………など

建築・リフォームのアドバイス
- 建築図面の検討　建築素材の検討
- 建築費削減の検討
- 建築管理　工期管理
……………………など

物件管理のアドバイス
- 入居募集要項の作成
- 入居募集チラシの作成
- マンション広告の作成
……………………など

物件収支の検討
- 税理士と収益について検討
……………………など

ツボ 17

費用がない場合は1室からのリフォームでもいい

リフォーム代も考慮して物件を買う

中古物件を買う前にまずはホームインスペクション（住宅診断）を行い、リフォームが必要ならば、どれくらいの資金がいるかを計算してください。

多くの方は、物件を買うだけで精一杯になってしまい、リフォーム費用を見ずに購入を決めてしまっています。

少し手をかければ甦る物件かもしれないのに、それができない。もしかしたら、それが満室にできない大きな理由の一つかもしれません。

リフォームをする場合は、そのリフォームでいくらかけたら、家賃がいくらつけられるかを考えます。つまり、リフォームの費用対効果を考えるわけです。その上で、大丈夫だと思ったら購入を検討してもよいでしょう。**中古物件を買うときは、「リフォーム**

代金まで余裕を持てる金額のもの」と考えておいてください。また、一つの目安として、築20年をすぎると大規模修繕費がかかると考えておくといいでしょう。

1室だけのリフォームでもＯＫ

マンションを一棟買ったのはいいけれど、全室リフォームする資金がない場合もあるかもしれません。

大体、60平米の広さの部屋を大型改装した場合、リフォーム費用は３００万円くらいです。ワンルームでも２００万円くらいかかります。

特に工事費用として高いのが水回りで、キッチンだけでも20万円くらいはかかりますので、すべての部屋をリフォームすると、かなり資金が必要です。

「そこまで余裕がない」という場合には、1部屋だけリフォームするのも手です。

以前、1棟18部屋で、そのうち7部屋が空室になっている物件がありました。その物件は築20年以上が経っているもので、設備なども古く、空室を埋めるには、リフォームが必要だと私は大家さんに提案しました。

しかし、全部をリフォームするお金はないとのこと。そこで、7部屋空いているうちの1部屋だけをリフォームして、そこは他よりも家賃を高めに、後の部屋は少し安目に設定するようにしました。

もちろん、募集の広告は、リフォームした部屋を掲載します。結構雰囲気がよい写真を掲載したので、物件を見に来る人も多くいました。

そこで面白いことが起きたのです。

それは、募集の広告に載っている部屋を見に来た方が、リフォームしていない部屋で契約されたのです。もちろん、リフォームした部屋もすぐに入居者が決まりましたが、結果的にそれ以外の6部屋も全部埋めることができました。

まずは部屋を見に来てもらうことが大事です。「いい部屋だけど少し家賃が高いな」と思うお客様には、他の部屋が響くかもしれません。

もちろん、全室リフォームできればそれが一番いいのですが、必ずしも全室やらなければ部屋は決まらないということではないのです。

それから、**外観に手を入れるよりも、内装を変えるほうが優先**です。入居者は部屋の中に住むのですから、考えてみれば、それは当たり前ではありますね。

[満室リフォームのビフォア、アフター]

第一印象　Before

狭いスペースに昔ながらの
シューズボックスがついている

After

シューズボックスの下を開け
狭い空間を広く見せる

インパクト　Before

中途半端な色づかいで清潔感に
欠ける内装

After

白などで色を統一することで
美しくさらに広く見せる

＼ツボ／
18

購入前には必ず物件の内見調査をする

必ず自分の目で確かめること

みなさん、洋服を買うときは試着をしますよね。賃貸住宅も同じです。マンションやアパート、戸建ては生きているうちの最も大きな買い物のはずです。それをどうして確かめずに買えるのでしょうか。

「賃貸は自分が住まないからいい」とはみなさん思ってはいないこととは思いますが、実際には、特に現状が満室の中古物件などは図面と写真などで購入を決めてしまう人が多くいます。

図面や写真と実物では、まったく想像と異なる場合があります。図面には表記されないものがたくさんあるのです。室内に段差があっても、図面には載りません。玄関の段差も、敷居の高さも同じです。築10年のマンションといっても中の設備が新しいのか古いのかで、まったくその後かかる費用が変わってきます。

ですから、中古の賃貸住宅を買うときは、必ず部屋の内部を見せてもらいましょう。日本の多くの不動産会社は、「人が住んでいるから見せられない」と言ってそのまま売ってしまうことが多いですが、それで諦めてはいけません。

売主が「見せられない」と言うなら、直接入居者にお願いしましょう。お金を渡したり、ケーキやお菓子を差し入れて、「購入を検討しているから中を見せて欲しい」と頼むのです。しっかり事情を説明して、丁寧にお願いをすれば、たいていは見せてもらえます。最低限、トイレ、お風呂、キッチンはどんな設備かを見ておきたいものです。

それで結局「買わない」という選択をすることもあります。

その場合は、その分の費用は無駄になってしまうのですが、そこまでできる人が、最後の最後まで泣かずに成功できる人です。

調査費用は絶対に削らない

物件を購入する前は、購入予定金額の1％を目安に、調査費用を準備してください。

例えば、500万円のワンルームを買うときは、5万円です。2億円のマンションだったら200万円とは言いませんが、100万円くらいはかけてもいいでしょう。

これはとても大切なことです。**先々のことを見通して、それに備える心構えができる人が成功する**のです。

後で困って「売らないとダメだ！」とか「破産するしかない！」と言っている大家さんは、購入時の調査をしっかりやっていなかった人たちなのです。

では、ここで中古物件を購入する前に、やっておいたほうがいいことをまとめてみましょう。

まずは市場調査です。買いたい物件の周囲の家賃相場、空室の状況、人の交通量、そして、どんな人が住んでいて、どんなふうに1日がすぎていく街なのかを調べます。

それが心配なさそうだったら、ホームインスペクション（住宅診断）をして、建物自体をチェックします。それと同時に、自分の目で部屋の中を見る。その上で、次の入居者を入れるときの家賃を検討し、満室にできるかどうかを判断しましょう。

これで、問題がなければ、物件を購入する、という段取りです。

とても手間がかかる作業ですが、何も調べずに「物件が安いから買う」と後先を考えずに飛びついていると、損をするばかりです。

[事前調査は怠らない]

調査費用の目安 → 購入予定金額の**1**％

例）

価格　2500万円

→ 調査費用　20万～30万円をかける！

上限は 100万円を目安に！

1. 市場調査 → 不動産コンサルタントへ依頼 or 自分で調べる
2. ホームインスペクション → ホームインスペクターへ依頼
3. 部屋の内見 → 大家さんや入居者と交渉

物件購入へ

入念な事前調査が満室経営のカギ

＼ツボ／
19 不動産経営に必要なのは何と言っても女性目線

建築・不動産業界は男社会

賃貸住宅を新築するにも、中古をリフォームするにも、女性目線は欠かせません。なぜなら、**賃貸住宅を決める主導権を握っているのは「女性」**だからです。

例えば、一人暮らしの男性が、引っ越しをしようと部屋を選ぶとき、恋人を部屋に呼びたいと思うでしょう。その際は、彼女の意見を参考にするかもしれません。ファミリー層が引っ越しをする場合、「キッチンはどうか？」「収納はあるのか？」など、奥さんの意見が最優先されるでしょう。また、大学に入学し、はじめて部屋を探すような人も、男女問わずお母さんの意見が強いといったことは、現場ではよくあることです。

このように、賃貸住宅の善し悪しを決めるのは、女性である場合が非常に多いのです。

けれども、建築業界、不動産業界にいるのは、圧倒的に男性です。一級建築士は男性が9割超、女性は1割にも満たない程度です。工務店の従業員では男女比が7：3くらい。女性管理職となると1％前後といったところでしょう。

今では、女性のインテリアコーディネーターが増え、不動産業界もやっと女性が目立ってくるようになりましたが、実際に建物を建てるのはまだまだ男性です。

玄関に顔しか映らない鏡は必要？

以前、こんな例がありました。それはトータルで施工を任された案件で、私は、玄関に全身が映る姿見をつけて欲しいと施工業者さんにお願いしたのです。しかし、完成間近に実際に現場に行ってみたら、姿見ではなく、顔しか映らない小さな鏡がついていました。

女性は、出かける前に全身を鏡で映して、トータルで自分の姿を確認します。その大切さを、男性はわからないようなのです。この物件は女性をターゲットにしたものだったので、ここは絶対に譲れない部分であり、最終的に姿見に付け替えてもらいました。

ただ、女性に限らず、顔しか映らない鏡が玄関にあること自体、どんな使い勝手があるのか疑問に思ってしまいます。しいて言えば、出かける前に鏡に向かってにっこり笑い、自己暗示をかけるぐらいでしょうか？　そんなために、工事費用をかけるなら、壁紙をもっとお洒落なものにしたほうがよほどいいでしょう。

このように鏡一つをとっても、男性には考えがおよばない例が出てくるのです。ましてや、キッチン、お風呂、洗面所と、女性が気にかける部分を男性が設計したら、女性にとっては物足りないものになるに違いありません。しかし逆に言えば、**女性目線を取り入れれば、お客様に気に入ってもらえる物件が造れる。他の物件よりも価値のある部屋が提案できる**ということです。

女性目線を取り入れるには、10代や20代の女の子がたくさん集まる人気のレストランやショップに行くことをおススメします。女性がどんなものに惹かれ何を買っているか、見て欲しいのです。女性は、どうでもいいものに見せられ衝動買いをします。そこには一定の法則があります。それは、**かわいい、きれい、わくわくする**、です。男性にはあまり経験がないと思いますが、衝動買いするものは要チェックです。賃貸経営に活かせます。例えば、衝動買いしたくなるような人気のアイテムを部屋に置くだけでも内見に来たお客様を惹きつけることができます。

[女性目線の満室リフォーム例]

ワンポイント

壁紙

華やかな色づかいで自慢したくなる壁紙に変える!!

費用**5**万円

クローゼット

内壁を赤一色にしてピンポイントでインパクトを出す!!

費用**2**万円

内装

3帖程度の小さなスペースを自分の書斎に!!

費用**100**万円

ツボ 20

女性が好むのはお城のような優しい物件

中世のお城のような外観

多くの女性は、ヨーロッパの雰囲気に憧れがあると思います。デコレーションが施された窓枠、かわいらしい出窓やとんがり屋根。何気ない街の風景なのにとてもお洒落です。部屋の中も、柱や天井の見切り（天井と壁の角の部分）にデコレーションがあったりして、とても豪華です。女性なら誰でも、一度はこうしたお城のような部屋に住んでみたいと思うものです。

ヨーロッパの建物のような賃貸住宅があったら、大人気でしょう。

しかし、残念ながら日本では、こうした建築物はなかなか建てられません。まず材料費がとても高くなってしまうのです。

デコレーションのついた見切りなど、機能的でないものはすべて省いてしまいます。

日本の建築は量産型で、同じようなものを大量に造るのが主流。コストをとことん削減して造っていますし、外国の建材は日本では手に入りにくいのです。

なので、日本のマンションはみな似たような外観になってしまいます。それに、タイルを貼ったり色を変えたりする程度で個性を出しています。玄関に木を植えることや、アイアンのお洒落な窓枠をつけるだけでもだいぶイメージが変わるのですが、残念なことです。

どぎつい色ではなく、優しい色を使う

では、そんな日本で女性の心を打つ賃貸住宅を建てるには、どんな配慮をしたらよいのでしょうか。

女性が好む色は、赤や黒といった派手な色ではなく、パステルカラーです。**特にピンクやオレンジといった暖色系が人気があります**。

かといって、京都や鎌倉といったような古風な建物が並ぶ街に、いきなりお城のような派手な外観の建物を建ててしまうと、そこだけ浮いてしまいます。周りとの違和感があると評判が落ちてしまうので、周囲に溶け込んでいるか、風景としての全体のイメージがよいかどうかは最優先に考えなければいけません。

その上で、例えばピンクを差し色に使った建物を建てたとします。男性は敬遠するでしょうか。意外とそんなことはないのです。

ピンクは、お母さんの子宮の色だからです。最近は、ピンクのシャツやピンクのネクタイを締める男性も多いです。

また、90年代の「お洒落な物件」は、コンクリート打ちっ放しの壁に、赤や黒のドアがついていたものでした。これも、女性からすると寒々しくて敬遠されます。女性は冷え性の方が多いので、暖かみのある色の好むものです。

ちょっとやりすぎかな？と思うくらいの色をつけたほうが、他との差別化が図れて印象的になります。

以前、戸建ての分譲で3軒の住宅を作って販売していたのを見ました。1戸ずつ色を変えてあり、一つは赤、一つは青、もう一つは黄色でした。発色がよくて目立つ外観の家だったので心配したのですが、すぐにすべての家が完売していました。

日本の建築は、無難に、他と同じように建てることが安全だと思われがちです。

けれども、**賃貸の場合は特に、一定期間住むだけの借家ですから、多少冒険しているデザインのほうが「住んでみたい」と思える**ようです。

[色を効果的に使って優しさを出す]

外観

オレンジなどの暖色を配して優しさを出す

内観

アクセントとして色を使い部屋に華やかさを出す

ツボ 21

無駄なリフォーム費用をかけないために

リフォームは「すればいい」というものではない

とても有名な設計士にお願いし、ワンルームの賃貸住宅を全面リフォームしてもらった大家さんがいました。当然、設備も最新のものでリフォーム後は満室だったようですが、5〜6年もすると空室続き。そこで、「どうしたらいいんでしょう?」と私のところに相談に来たのです。

私は、大家さんに設計と内装工事にいくらかかったのか聞いてみました。すると、一部屋550万円と言います。それはちょっとかけすぎです。

その大家さんが持っているワンルームがある地域は、家賃6万円が相場のところでしたから、一部屋550万円のリフォーム費を回収するには、単純に7年以上もかかってしまう計算です。

リフォームした部屋には、当時流行っていたお洒落で外国製の四角い洗面台がついていました。でも狭い部屋には大きすぎる洗面台で、通路にボーンとはみ出していて、歩くだけでもぶつかってしまいそうです。

また、ワンルームなのに220センチもの大きなキッチンがついていました。これも、30平米の小さな部屋にはアンバランスです。

床は白むくでしたが、賃貸には向きません。白むくの床は使い込むほど味が出るので、自分で新築から住み続けるマイホームならかまいません。しかし、誰かわからない入居者がつけた〝味〟は、新しい入居者にとっては単なる傷です。

サイズの合わない外国製の洗面台に、不必要なほど大きなキッチン、中古になったら使いたくない白むくの床と、**一つひとつは悪いものではないけれど、すべてが不釣り合いで、入居者のニーズをまるで満たしていません。**そういうものを入れるために550万円をかけてしまったのです。

「住み心地」と「収支」は賃貸経営の専門家でないと意識できない

ライバルになる賃貸住宅はたくさんありますから、気の利いた設計にしなければ入居者は決まりません。しかし、この**気の利いた設計とは決してお洒落な設計とは限りません**。何度か賃貸住宅に住んだことのある人は、「暮らしにくい部屋」がどういうものなのかよく知っています。**「かっこいい」だけでは、入居者に響かない**のです。

また、設計士が「ぜひとも使いたい」という素材があったとしても、コンサルティングの立場からすると高すぎる場合があります。

賃貸経営は、収支をきちんと考えなければいけません。こうした部分も細かに管理しないと、「満室が続く部屋」は造れないと考えてください。

リフォームするときは、家賃の最大値（想定する家賃で満室になった場合）を念頭に置いて、それに釣り合うような金額を考えます。**大型リフォームをする場合は、家賃の2〜4年分をかけます**。家賃6万円の部屋なら、2年分で144万円です。4年分でも288万円。こうしてみると、550万円がどれほど予算をオーバーしてい

[リフォーム費用のかけ方]

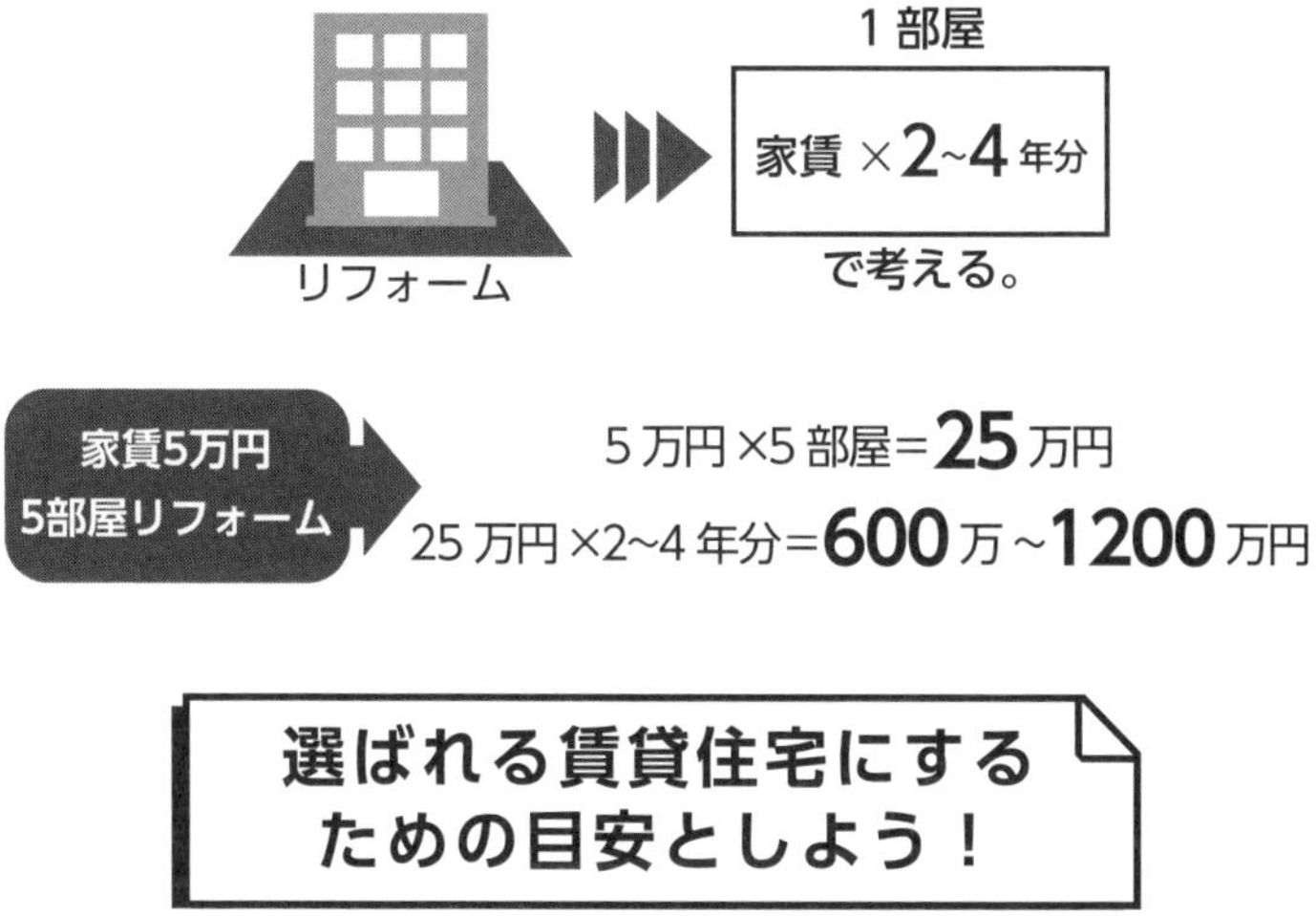
リフォーム
1部屋
家賃×2~4年分
で考える。
家賃5万円
5部屋リフォーム
5万円×5部屋=25万円
25万円×2~4年分=600万~1200万円
選ばれる賃貸住宅にするための目安としよう！

るか、おわかりになるでしょう。

もし、費用がないなら、半年～1年分で考えてみましょう。

同じ様な部屋が同じ地域に500室もあるということはざらにあります。

フローリングに白い壁、きれいに改装してありますが、特に特徴はありません。でも悪いところもありません。そんな中で費用をかけないで賃貸に出しても誰にも選ばれません。

その基準が2年分です。その2年分の範囲内で、他の物件との差別化を考えるには、専門家の意見を参考に効率よくリフォームしなければなりません。

＼ツボ／ 22

プロファイルをもとにした満室リフォーム

ターゲットを絞り込んで家賃を設定

第1章で物件を選ぶためにプロファイルが大事だという話をしました。このプロファイルはリフォームでも大きく役に立ちます。では、ここで一つ、私が実際に入居者をプロファイルして契約を決めた例を挙げてみましょう。

4階建て築35年になるマンションを持っている大家さんがいました。その4階の部屋が空いたので、リフォームをすることにしたのです。建ててからもう35年も経っていて借金もないので、再投資してもいいというお話でした。

ただ、大家さんは、「近所に新築が建つから、そのマンションと同じ家賃を取りたい」と言うのです。それはいくら何でも無理だ、と思いました。4階建てですがエレベータがなくて階段、再投資するとはいえ築35年ですよ、と。

しかし、大家さんのご意向は尊重したいですから、8万円の家賃が払える年収の高い女の子を入居者にしようということになったのです。

市場調査をしてみたところ、近くに2つも大きな病院がありました。大家さんが言うには、昔はそのマンションにお医者さんも住んでいたとのこと。かつては、そんな高級感のあるマンションだったのです。でも今は建ててから35年も経っているので、お医者さんはさすがに無理だろう、ならば看護師さんをねらおう、という発想で考えました。

まり子ちゃんの部屋を作る

入居者の名前は「まりこちゃん」。年収450万円で、彼氏がいて料理が得意な看護師さんです。料理が好きで自慢だから、キッチンをデザインのメインに据えて考えました。キッチンは、よくあるステンレス素材のものから、大理石風の素材に変えました。

賃貸住宅のキッチンには、たいていステンレス製の流しがついています。ステンレスだと使っているうちに傷がついて曇ったり、水垢がついたりして汚れやすいのです。

ステンレスを大理石風にすると、まず他との差別化ができます。たいていの物件はステンレス製ですから、内見をしに来たお客様にもインパクトがあります。その上この素材は汚れがつきにくく、見栄えがよくて長持ちします。ちなみに大理石風のキッチンをつけるのは210センチで20万円くらいです。

壁紙は赤にすると発色がよくて元気になるのでいいな、と思ったのですが、まりこちゃんは看護師です。ですので、血を連想させるような色はやめようということになりました。赤でなく、元気が出る色。そこで、コンセプトカラーはオレンジに決めました。このように細かくプロファイルしていくと、どんな色がいいのかまで想像することができます。

玄関を開けてすぐにキッチンが見えるのは印象がよくないので、場所も移動しました。**お客様が内見しに来たときは、玄関を開けて見える印象がとても大事です**。4階まで階段を上がってきて、ようやくたどり着いて玄関を開けたときに、爽やかなオレンジの部屋が迎えてくれる……そんなイメージです。

その結果、本当に看護師の方が契約してくれました（名前はまりこちゃんではありませんでしたが）。私の経験上、**ターゲットを絞ってさらにプロファイルをすると、いい結果になることが非常に多い**です。リフォームのお金が充分にないときは、印象に残る色を一部に使用してインパクトを与えるのも一つの作戦です。

[プロファイル例＝まり子ちゃんの部屋]

プロファイル

性別　：女性
　　　【まり子ちゃん】
年齢　：35歳
血液型：A型
職業　：看護師

- 一人暮らし（5カ月）
- 仕事で疲れている
- 趣味は料理
- 休日は友達を招いてパーティを！

キッチン

- オレンジを印象的に使用
- ステンレスから大理石風の流しに変更

イメージカラーはオレンジで元気が出るように！

部屋

- DKとの間仕切りを排除
- 白を基調に清潔感のある部屋にする

広くすっきりとして部屋で、休日をゆっくりすごせるように‼

ツボ 23

色をうまく使って部屋をデザインする

少し派手な色を使うくらいがいい

内装をリフォームする場合は色を使って差別化するのが効果的です。

例えば、たいていの賃貸住宅のお風呂は、ユニットバスですから、薄いクリーム色を基調にしています。

しかし、それでは個性が出ません。そこで、前に思い切って色つきのお風呂にしてみたことがあります。普通は、お風呂に手をかけるとお金がかかってしまうのですが、このときは費用も考え、壁の一部に差し色を使ってみたのです。

薄い黄緑を使った物件と、ピンクを使った物件で、どちらが早く契約が決まるかを調べてみたら、圧倒的にピンクのほうでした。

まり子ちゃんの部屋でもお話ししましたが、赤やオレンジを部屋の差し色に使った物件もすぐに決まります。

通常の賃貸住宅だと、茶色や白をベースにしたものが多いです。これは、変わったことをすると人は嫌がるのではないか、今までのデザインで問題がなかったからこのままでいいんじゃないか、と大家さんが考えるからです。

しかし、先に説明したように、**私の経験上、一見驚くくらいの色を使ったほうが、契約が早く決まります。**

ただし、ここで気をつけたいのが、色を使いすぎるとうるさくなってしまうということです。

以前、お客様から「部屋の全部を赤にしたい」といった相談を受けたことがありますが、それはやりすぎです。

赤い色は元気が出ますが、部屋全部が赤だと、一向に休まらない部屋になってしまいます。**色は多くても全体の2割程度に抑えておくのがベスト**でしょう。

あくまで、色は少なめにアクセントに使うのが効果的です。洗面所にオレンジ、玄関にピンクなどを少し入れると入居者が元気になってくれます。

インテリアに色を使った際の効果

ではここで、色が持つ効果をご紹介しておきましょう。色の効果を知り、ご自身の賃貸住宅のコンセプトカラーを決める参考になれば幸いです。

白……**空間を広く見せてくれます**。狭い部屋には、床、壁、天井すべてに白を使うと広く見えて効果的です。また呼吸を楽にする効果もあるそうです。

赤……脳を刺激し、体温を上げる効果があります。**購買意欲を上げる色としても知られています**。しかしあまり多用すると、血の気が多くなってケンカしたり、トラブルを起こす原因になることもあります。

黄……最も自然光に近い色です。**人を前向きで楽天的な考え方にさせます**。消化を助ける効果もあります。

緑……大自然の色です。**緊張感や目の疲れを和らげます**。インテリアに使うと、心が落ち着き、安心感が得られます。

ピンク……若さと美しさを保つ色です。血行をよくする効果があると言われています。

オレンジ……喜びや幸福を感じさせます。暖色系の中でも特に暖かみのある色です。

黒……やる気を低下させ、絶望感を抱かせます。**賃貸住宅には使わないほうがいいでしょう**。

青……気持ちを静めて落ち着かせます。体温を下げる効果があるからか、インテリアに使った場合、赤やピンクに比べて売れ残ることが多いです。

＼ツボ／
24
床暖房で入居者の健康を守る

床暖房は過剰な設備？

私の地元の関西では一時、賃貸のマンションやアパートに床暖房をつけるのがすごく流行しました。男性にとっては過剰な設備だと思われるかもしれません。実際に、最初に床暖房を入れようとした大家さんは、周りから「そんな高い設備をつけてバカじゃないのか、そんなものをつけなくても家賃は取れる」と言われていました。

けれども実際につけてみたら、その大家さんの一人勝ち。入居したお客様は、その後もその大家さんの物件ばかりを選ぶようになってしまいました。

確かに過剰な設備かもしれませんが、一度床暖房のある部屋に入ったお客様は、次も床暖房のある部屋にしか入りたくないと思うようになるのです。

女性の多くは、身体の冷えに悩まされています。手や足先が冷たくなる冷え性に、床暖房はうってつけだったのです。

何も、豪華な設備をつければ何でもいいということではありません。**お客様の悩みに的確に答える設備が床暖房だった**からこそ、爆発的に人気が出たのです。

入居者の健康を気遣う

大家さんが最も避けたいのは、入居者が部屋で自殺をしてしまうことです。自殺が起こる部屋の要因として、暗い、狭い、汚いの3点が挙げられます。

以前、私のお客様で、彼氏に振られてからというもの、男の人を見るだけでものを投げたり、水をかけたりするようになってしまった女性がいました。

そうなると周りからのクレームもありますし、対応にとても苦労しました。

入居者の健康状態に気を配るのも、大家さんの仕事の一つです。

鬱になって自殺をしてしまうのは最も大ごとですが、病気になって仕事ができなくなると、家賃を払うことができなくなってしまうかもしれません。

入居者には健康で、明るくすごしてもらったほうが、大家さんのためにもなるのです。

住んでいる部屋は、入居者の気持ちを左右します。その女性も、暗くて寒い部屋に住んでいました。

床暖房を入れることで、冷え性の女性にとっては身体の悩みが解決し、明るい気持ちになることができます。手足が冷えると夜になかなか寝付けないのですが、身体が温まればすぐにぐっすりと眠れます。

また、**設備に関心がある女性は、お部屋をきれいに使ってくれます**。出ていく（退去する）ときも、とてもきれいに片付けてくれるのです。

今は入居者が退去するとき、経年劣化では別途料金を取れないことが国交省のガイドラインで決まっています。ですからタバコを吸ったり、乱暴に使われたりして部屋が汚くなると、大家さんはとても困るのです。

一方で、床暖房一つつけるだけで、家賃は高く取れる上に、きれい好きな女性が入ってくれます。床暖房を入れるのに、20平米で20万円かかります。しかし、この設備のために月に1万円多く家賃が取れるとすると、年に12万円のプラスです。単純計算で、2年で回収できてしまいます。しかも、入居してくるのは、きれいに使ってくれるであろう女性で、彼女の健康にも気遣ってあげられます。

決して無駄な投資ではないでしょう。

［床暖房と賃貸住宅の関係］

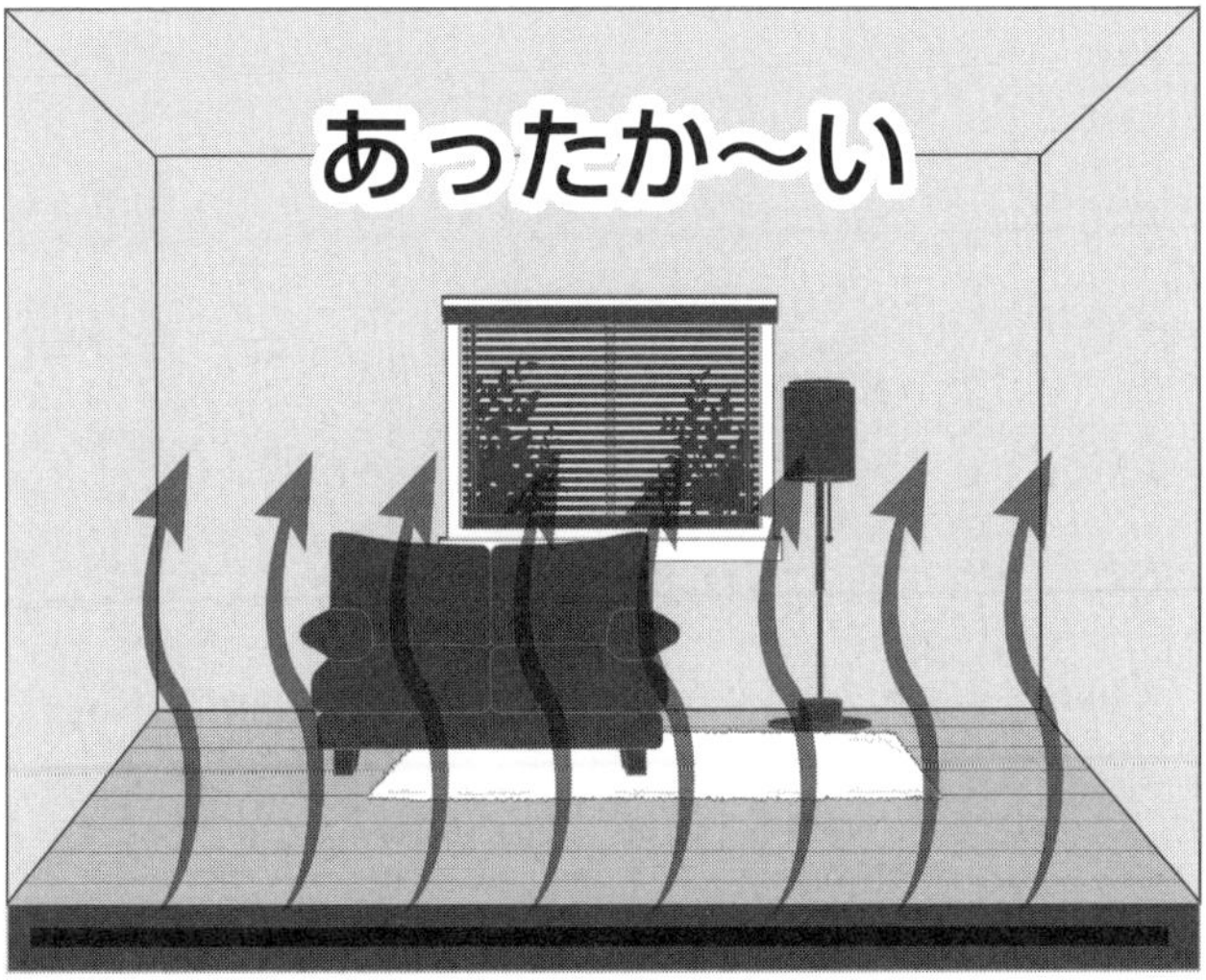

床暖房のメリット

● **家賃が高く取れる**

相場より1万円は高くても入居者が入る

床暖房の設置コスト⇒20平米で20万円

1ルームであれば2年でコストが回収できる

● **女性の入居者に選ばれやすい**

冷え性で悩む女性は多い

設備に関心のある女性は部屋もきれいに使う

経年劣化しにくい部屋になる

ツボ 25

物件は大家さんの分身？名前の付け方にも一工夫

名前が入居者を呼ぶ？

では、この章の最後に、物件の名前について考えることにしましょう。

最近では、カタカナの名前のほうがかっこいいイメージがあるので、「××荘」といったようなレトロで和風な名前は今ではすっかり減りました。

マンション名は、住所として書類に記入したり、口頭で説明したりしますから、そのときに恥ずかしくないものが好まれます。

そう、**意外と建物の名前は重要なのです**。名前だけで入居者が決まった物件もあるくらいです。

「名は体を表す」ではないですが、名前のきれいなマンションには、部屋をきれいに使ってくれる人が入居するようです。

これは女性に限ったことではありません。例えば、私がお手伝いした物件で言うと、「シェモア（私の家）」「パークハウス」といったきれいな名前のマンションや優しいイメージの名前のマンションに入居してくる男性は、几帳面で部屋をきれいに使ってくれている印象があります。

物件の名前を考えるポイントはいくつかあります。

まず大事なのは、ターゲットにあった名前にすること。これはプロファイルをもとにして考えます。

その地域が人気のエリアなら、その地域名を入れるのもありです。例えば、「フォレストハウス鎌倉」とか、「フルール芦屋」といったものです。

最後はわかりやすく、覚えやすいもの。もちろんこれは、先にも説明したように住所を記入したり、人に説明したりするときにも役立ちますし、何よりも、**自分の物件を選んでもらうという観点から、お客様に覚えてもらいやすい名前であることが望ましい**からです。

とはいえ、インパクトがありすぎるものはかえって敬遠されてしまうので気をつけてください。

物件はだんだん大家さんに似てくる

この仕事についてから、ずっと不思議だなと思っているのですが、物件はどんどん大家さんに似てくるのです。

お店も流行っていて、人柄もとても優しい大家さんの建物は、入り口もその人のように、「どうぞいらっしゃいませ」と言っているようなたたずまいをしていて、その人そっくりになっています。

言葉を選ばずに言うと、大家さんがろくでもない人だと、建物もろくでもない感じになってしまうのです。

ろくでもない建物には、ろくでもない入居者が寄ってきます。ゴミ屋敷にされてしまう部屋が出るような物件は、外観も内装も暗くて汚いところが多いのです。

私は、「建物は生きているんだな」と思っています。ちょっと不思議な感じがするかもしれませんが、これは長く賃貸経営に携わってきた実感です。

建てるときからかわいがって、いい名前をつけて、お掃除をしっかりしてあげると、建物は必ずそれに答えてくれます。

[物件名称は何にする？]

●物件名称の一例

名称	意味	言語
アプローズ	拍手	英語
アムール	愛、愛情	フランス語
エスタシオン	駅	スペイン語
エスペランサ	希望、期待	スペイン語
オークハウス	樫＋家	英語
カーサ	家	スペイン語
ガーデンハイツ	庭＋高台にある集合住宅	英語
ガーデンハウス	庭＋家	英語
グリーンフォレスト	緑＋森	英語
コンフォート	快適など	英語
サニーヒルズ	太陽＋丘	英語
サンハイツ	太陽＋高台にある集合住宅	英語
シャトー	城、宮殿、館	英語
ソフィア	叡智	ギリシャ語
ソレイユ	太陽	フランス語
ドミール	住宅	フランス語
ドルチェ	甘い、甘美な、優しい、柔らかい	イタリア語
パークヒルズ	公園＋丘	英語
パストラル	牧歌的な、田舎風	英語
パラッツォ	邸館	イタリア語
フォレスト	森	英語
フローラル	花のような	英語
ボヌール	幸運、幸福	フランス語
メゾン	家	フランス語
リバーサイド	川＋側	英語
ルミエール	光	フランス語
レジデンス	住宅、邸宅	英語

Column／満室大家さん　その❷

生活を豊かにする不動産投資を実践する女性投資家

夢大家さん
不動産投資歴／30年
賃貸年収／２０００万円

子どもの頃から身体の弱かった彼女は、お母さんから「何かあっても、仕事に行けなくてもアパートやマンションは利益を生むのよ」と、教えられ現場を見に行っていました。

お母さんが賃貸アパートやマンションを買ったり、建てたりしていた中で、彼女も20代で親から土地を借りて投資物件を建てました。

自分が理想とする間取りのワンルームを形にしようと、あれもこれもと考えるたびに表面利回りがどんどん下がっていきます。最終的に自分では、満足できる部屋になりましたが、経営として見ると赤字だらけ。そんな状況から、建築コストと収支のバランスを深く考えさせられたそうです。

そこから彼女は不動産投資にハマり、数々のセミナーに参加するようになりました。そこで「これからは、女性も投資をして豊かになる時代が来る」ということも教えられたそうです。

その後、彼女は所有する賃貸住宅を満室にすること、よい物件を安く購入する方法、購入しても家賃収入で借入は早く返済することなどを徹底して研究しました。

そして、40代には数十室を所有するまでになり、年収約２０００万円を実現しました。

毎日働かなくても、充分な利益があるため、歌を歌い、役者もやるなど、大好きなことをやりたいだけやるといった生活を送っています。不動産投資が生活に豊かさをもたらした好例と言えるでしょう。

第3章

こんなに簡単！利益を長～く得る管理のコツ

ツボ 26

賃貸経営は〝プロ〟と素人大家さんの戦い

大家さんに〝プロ〟は少ない？

全国には賃貸住宅が2000万戸弱あり、さらに毎年新築の賃貸住宅が30万戸ほどのペースで作られています。

住宅の総数が6000万戸強ですから、割合としてはかなりのものです。どこの街に行っても、そこには必ず賃貸住宅があると言っていい数です。

そんな状況で、地域ナンバーワンの大家さんになるのは、大変なことだと思われがちですが、実はそんなことはありません。

なぜなら**大家さんのほとんどが不動産投資にあまり精通していない**からです。もともとは土地の有効活用や相続の問題で賃貸住宅を建てたという方も多く、不動産のプロは少ないのです。また、日本の全人口の4分の1が65歳以上という現在において、大家さんも高齢の方が多くなっています。

もちろん、なかにはすごく勉強をして経営に成功している方もいますが、建物を建てた後の経営自体に興味関心がなく、自分のマンションをかわいがっていないという方も少なくありません。

賃貸に住んだことのある人は思い出していただければわかるかもしれませんが、住んでいる間に「大家さん顔をほとんど見たことがない」という入居者は多いものです。

そのような状況ですので、地域ナンバーワンになれる可能性は意外と高いと言えるのです。

管理ができてはじめてプロと勝負できる

地域ナンバーワンになるという目標の前に大きく立ちはだかるのが、三井不動産や森ビルなどの賃貸住宅を多数所有している、大手不動産会社です。

大手は立地のよいところに物件を持っていますし、ネームバリューがある分、お客様から好んで選ばれることも多いです。

大手が経営している賃貸は、掃除も行き届いているし、管理人が常駐していることもあります。メンテナンスも定期的に行われ、植木の管理もされていて緑も豊かです。管理が行き届いているため、家賃も目に見えて下がることはありません。

一方で個人の大家さんは、大手に比べて資金も人材の数も比較になりません。しかし、大手がやっていることは、当然個人の大家さんもやっていかないと、戦うことは不可能です。

では、管理とはいったい何でしょうか。賃貸経営は、所有している建物を入居者に貸すのが仕事ですから、モノと人の両方を管理しなければなりません。

その種類は大きく分けて次の4つです。

まずは**建物の管理**。2つ目は**家賃の管理**。3つ目は**部屋付けの管理**、そして最後が**部屋の内装を含むトータルの管理**です。

この4つの管理を適切に行った上で、さらに大手にはできないことを探していく。こう聞くと「面倒だな」「難しそうだな」と思ってしまうかもしれません。確かに慣れないうちは面倒なことかもしれませんが、難しいことは一つもありません。

では、プロに勝てて、地域ナンバーワンになる管理の具体的な方法を次の項目から詳しく解説していくことにしましょう。

[地域ナンバー1を目指すにはまず管理]

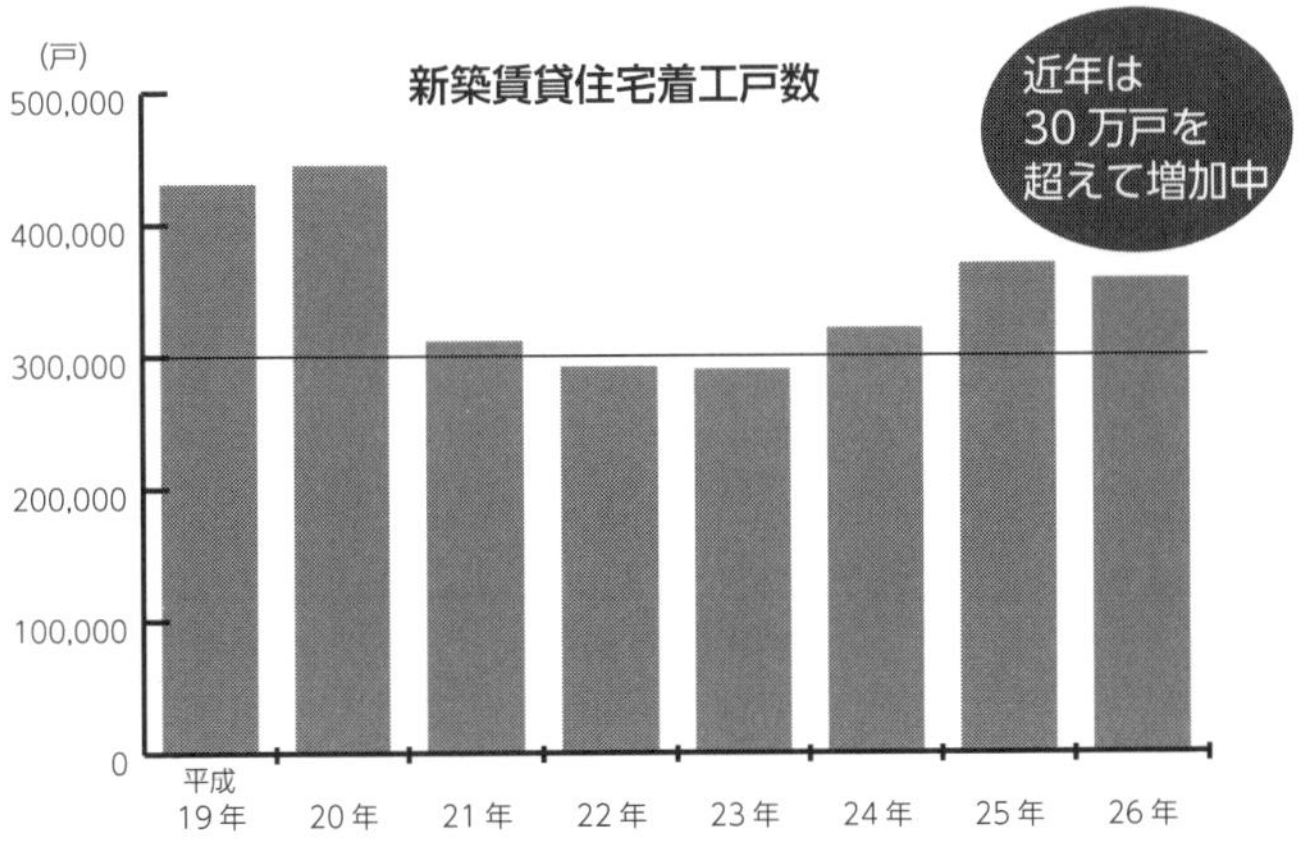

出所：国土交通省

競争に勝つには？

何よりも管理が重要

その1
建物の管理
建物全体のメンテナンス、共用部分の掃除や電気など設備の管理、植木の世話。

その2
家賃の管理
入居者からの家賃振り込みをチェックし、支払いのない入居者には催促。

その3
トータルの管理
入居者のトラブル対応・悩み相談、入居・退去時の内装工事とリノベーション

その4
部屋付けの管理
チラシを作ったり、お客を案内したりする。

ツボ 27

管理を自分でやってみれば愛着も湧いてくる

管理は一括でお願いするよりも個別がいい

先の項目で4つの管理をご説明しましたが、みなさんの中には、これらすべての管理を一括して管理会社に頼めばいいとお考えの方もいるかもしれません。特にサラリーマン大家さんなどは、本業が忙しく、賃貸経営に時間をさけない方は多いものです。

ただ、そんな方でもこれだけは覚えておいてください。それは**管理会社によってそれぞれ得意分野が違う**ということです。

例えば一つの会社にすべての管理を一括して依頼できたとしても、その会社がすべての管理業務を請け負っているわけではなく、実は自分の得意ではない業務はほかのところに回しているということもめずらしくはありません。

ですから、できれば自分で個々に「建物の管理はA社」「家賃の管理はB社」というふうに管理を分けて振ったほうが、管理の質が上がりますし、お金も安く済みます。

しかし、最初から的確な仕事をしてくれる管理会社を見つけるのはかなり難しいと思います。ですから、管理を業者に頼もうと考えている方は、**一度依頼してみて、ダメだと思ったらすぐにほかの業者に変えながら探す**といいでしょう。

できることは自分でやる

時間に余裕のある人は、できることは自分でやるのがおススメです。管理は、何も絶対に頼まなければいけないというものではありません。

業務ごとに個々に依頼ができるのですから、自分に必要なことだけをお願いすればいいのです。入居者がなかなか決まらず、部屋付けに困っているなら、そこだけ管理会社に頼むのもありでしょう。

毎週、掃除に向かうのが大変なら、掃除だけを頼むこともできます。

ただし、**それぞれある管理の仕事を業者に依頼したとしても1回は自分でやってみてください**。なぜなら、大家さんは、管理がうまくいっているのかどうかの判断基準を持っていなければならないからです。

例えば、掃除なら平日は忙しいサラリーマンの方でも、月に1回か2回ぐらいは休みの日を使ってやることもできるでしょう。部屋付けの管理であれば、自分でパソコンを使って、募集チラシを作ってみることもできます。

家賃の管理は、入居者から毎月振り込まれているかを管理会社に問い合わせ、チェックすることもできるでしょう。さすがに設備の管理は難しいですが、これだって自分の物件に足を運び、建物に傷みはないか？　電球は切れていないかなどは掃除のついでにチェックできるはずです。

こうすることで、**自分の物件に興味が向き、自然とかわいがるようになります**。

また、管理業務がどんな仕事なのかを知らずに業者に依頼すると、依頼先がきちんと仕事をしているかチェックができません。

毎週掃除をすれば、どのくらい建物がきれいなまま維持できるのか。家賃はどのくらいの人が滞納しているのか。募集はどのように行われているのか。これらのことが何もわからないまま丸投げしてしまうと、相手から「素人だな」と甘く見られてしまうこともあります。

[管理の質を上げるためにすべきこと]

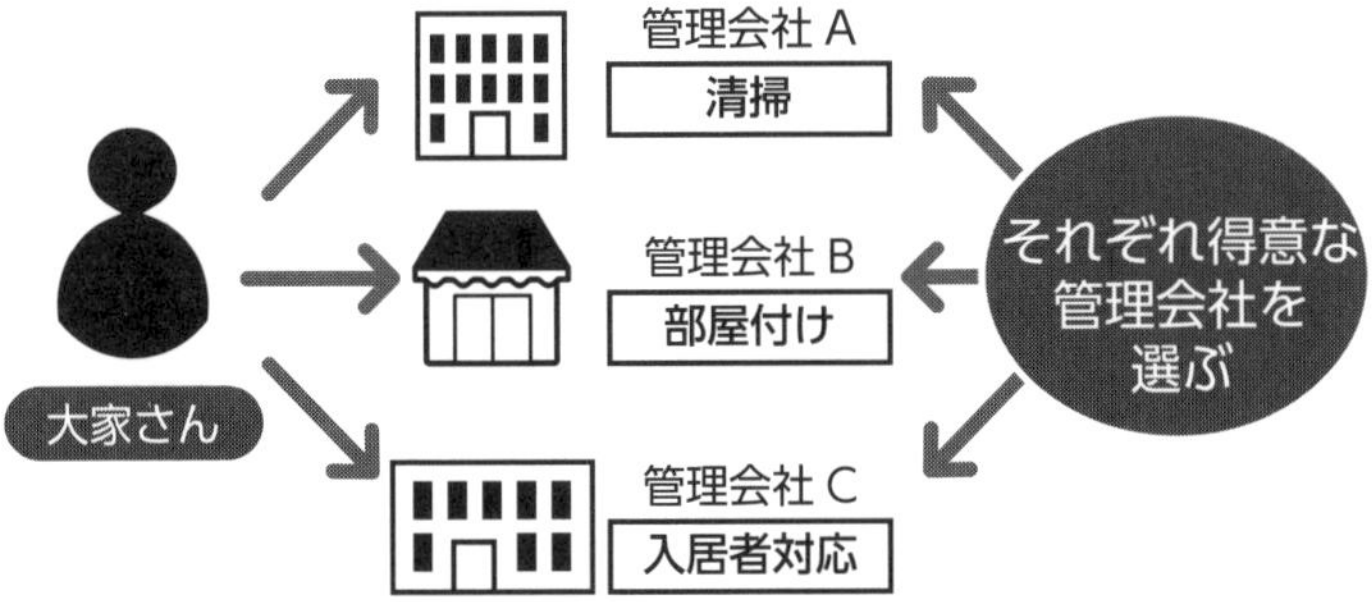

管理会社 A
清掃
管理会社 B
部屋付け
管理会社 C
入居者対応
大家さん
それぞれ得意な管理会社を選ぶ

依頼してみてよくなければ業者を変更

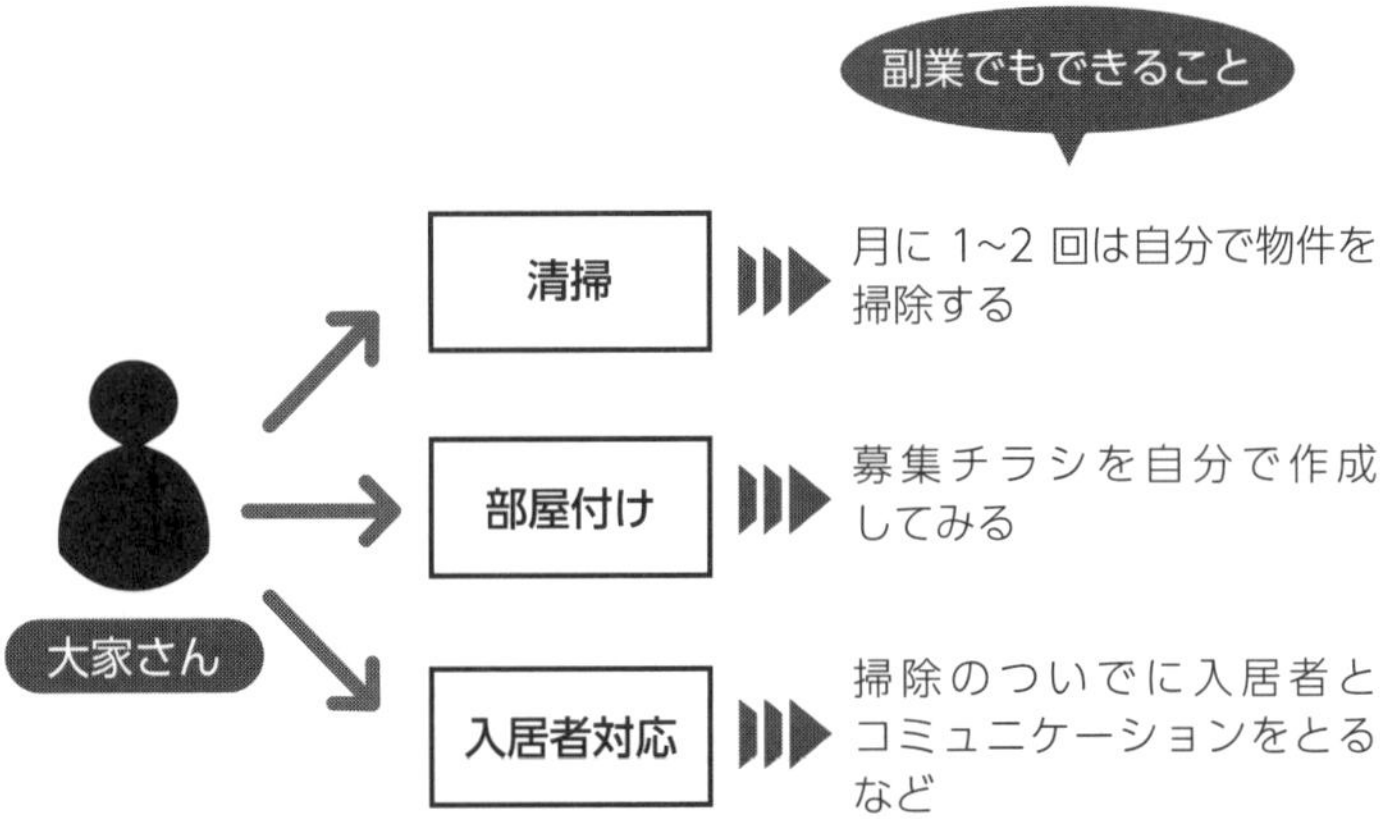

副業でもできること
大家さん
清掃
月に 1~2 回は自分で物件を掃除する
部屋付け
募集チラシを自分で作成してみる
入居者対応
掃除のついでに入居者とコミュニケーションをとるなど

管理の仕事を把握するためにも
自ら経験することが大事

＼ツボ／
28 行き届いた掃除は入居者獲得にプラスとなる

大家さんにぜひともやってもらいたい「掃除」

管理の中で特に力を入れていただきたいのが、「掃除」です。

大手が管理する賃貸住宅では毎週きちんと掃除をしていますから、これをおろそかにしたら、まず勝ち目はありません。

以前、ある大家さんから「部屋が埋まらないからコンサルティングして欲しい」と依頼されて、物件を見に行ったことがあります。その物件は15部屋中7部屋が空いていました。それは、家賃が相場よりも高いことが主な原因でした。しかし、単に家賃を下げるだけでは賃貸経営はうまく行きません。

賃貸経営は、お客様にサービスを提供することが目的です。サービス精神を忘れてはいけないのです。

その物件を実際に見ると、玄関をはじめ共用部分の掃除をまったく行っていませんでした。大家さんは、週に一度の掃除を管理会社に依頼していましたが、管理会社は、掃除をしに行っても、特別汚れていなければ何もせずに帰ってしまっていたのです。

私が管理会社に依頼してやり直してもらったところは、共用部分の廊下を、隅から隅まで水を撒いてブラシで磨き、ポストの汚れを落として、余計なチラシを捨ててもらうこと。敷地内の植木をすべてきれいに切りそろえてもらうこと。ゴミをいつも拾ってもらうこと。自転車置き場を整理整頓すること。さらに、玄関の植木も枯れていたので、活き活きしたものに買い換えて、花を植える部分を作ってもらい世話をしてもらうようにもしました。

これを満室になるまで徹底的にやったのです。**内見に来るお客様が、部屋に入る前に目にするのが共用部分です。ここの印象が悪いと、お客様は部屋に入る前に不快感を覚えてしまいます**。いくら部屋がきれいでも、どこかしら心配な気持ちがぬぐえないものです。また、仲介業者さんも、入り口が汚れている物件は契約率が低いことを知っているので、なかなか案内してくれません。ですので、外からの見た目が活き活きとするまで自分のマンションをかわいがる必要があります。そのためのお金と手間を惜しんではいけません。

管理会社に業務を委託した後も、1カ月に一度はちゃんと掃除をしているかチェックに行くことをおススメします。

ポストにチラシが溜まっていないか、埃は溜まっていないか。自転車置き場やゴミ捨て場の掃除はしてあるか。共用部分を端から端まで歩いてみるのも大切です。チェックするポイントを意識してから見に行くと、意外といろんなことに気がつくものです。

何カ月かチェックしてみて、そこが信頼できる業者なら一安心です。

空室は放置せず、水を流す

また空室がある場合は、掃除のチェックの際にその部屋に入り、トイレやキッチン、お風呂の蛇口をひねって、水を流すようにしてください。水回りを放置しておくと、排水の水が蒸発して隙間ができ、そこから虫が湧くことがあるのです。発生した小バエが窓の脇で大量に死骸になって落ちている……なんてこともあります。

理想を言えば**週に一度、水を流すのがよい**でしょう。難しければ管理会社にお願いしておくのでもいいと思います。

[掃除の際のチェックポイント]

月に1回は必ずチェックする

共用部

- ☑階段・廊下は雑然としていないか？
- ☑集合ポストは汚れていないか？
- ☑植木や雑草が伸び放題になっていないか？
- ☑自転車置き場は整理されているか？
- ☑周辺にゴミは落ちていないか？

空き部屋

- ☑埃が溜まっていないか？
- ☑いやな臭いはしないか？
- ☑水回りに虫の死骸がないか？

プラスでやること

- 内見前は空気を入れ替える
- 水回りは定期的に水を流す

人がいなくても埃は溜まりますから、軽く床を拭いておくこともおススメします。

内見に来たお客様は、玄関を開けた瞬間の印象を最も大切にします。このときの印象がよくないと、契約には至りません。

そのときに、ぷーんといやな臭いがしたら、誰でも「いやだ！」と思うでしょう。逆に、「それでもいい」と思うようなお客様は、部屋をきれいに使ってくれるかどうかわかりません。

また、内見されるお客様が来るとわかったら、前もって窓を開けて風通しをよくしておきましょう。新鮮な空気が入るだけでも、お客様の印象はまったく違います。

ツボ 29

空室を埋めるには仲介業者に好かれる物件にする

仲介業者に紹介してもらうためには？

空室が多い大家さんにその理由を聞いてみると、「仲介業者さんが紹介してくれない」と答える方は少なくありません。本当の理由はそこに限らずほかにもあるかもしれませんが、その言葉通り、仲介業者が紹介してくれないケースもあります。

では、それはどんなケースかをご説明する前に、まずは仲介業者の収入の仕組みを見てみましょう。

大家さんは、自分の物件に空室が出たら、仲介業者に部屋を紹介してもらうようお願いします。そうして入居者が決まった場合、仲介業者に手数料を払います。これがいわゆる「仲介手数料」です。仲介手数料は入居者となるお客さんから入る手数料と、部屋の持ち主である大家さんから入る手数料、合わせて家賃の1カ月分までしか取れないことになっています。

このように仲介手数料は、入居者から半月、大家さんから半月分というのが大義名分なのですが、残念ながらこうした決まりが守られていることはほとんどありません。

仲介業者もこれだけではやっていけないのが現実です。ですから、仲介手数料という名前ではなく、そこで広告費という手数料が存在するのです。この**広告費は、家賃の1カ月から3カ月分という費用を仲介業者へ支払うのが相場**です。

通常は1カ月、新築なら1・5カ月から2カ月分。なかなか埋まらない部屋の場合は、2カ月から4カ月分を支払うこともあります。

「紹介したい」と思わせる物件であることも大切

この広告費が高騰しだしたのが、投資ファンドの物件が増えたときのことです。

大阪で最新設備を備えた大型マンションが建設され、家賃7万円から8万円の物件で、広告費を6カ月分も支払っていました。一部屋決めるだけで、広告費が42万円も入ってくるのです。

仲介業者としては、こんなに美味しい物件はありませんから、なるべく広告費の高い物件を紹介しよう、と考えるようになるというわけです。

だからといって広告費をたくさん払えばいいというのは、少し安易な考えかもしれません。仲介業者にとっては、たとえ広告費を6カ月分もらったとしても、10回紹介しなければ決まらないのなら、広告費1カ月分でも、1回紹介しただけで決まる物件を10件紹介したほうが、はるかに効率がいいのです。

お客様を連れて行っても契約が決まらない場合、仲介業者としてはいくだけ時間の無駄です。仲介業者は、契約が取れてはじめて収入になるのです。ですから、広告費の高い安いはあるかもしれませんが、それよりも仲介業者は**「なるべく一度行けばすぐ決まる部屋」を紹介したいと思う**と考えておいてください。

そのためにも、先に紹介したような掃除の行き届いた物件であること、空室が出ればこまめに風を通し、水を流しておくことなど、地道な作業をしっかりと行っておくことが必要になってくるのです。

「仲介業者が紹介してくれない」のではなく、大家さんはどうしたら紹介したくなるのかを考え、動くようにしなければいけません。

［仲介業者が紹介したくなる物件に！］

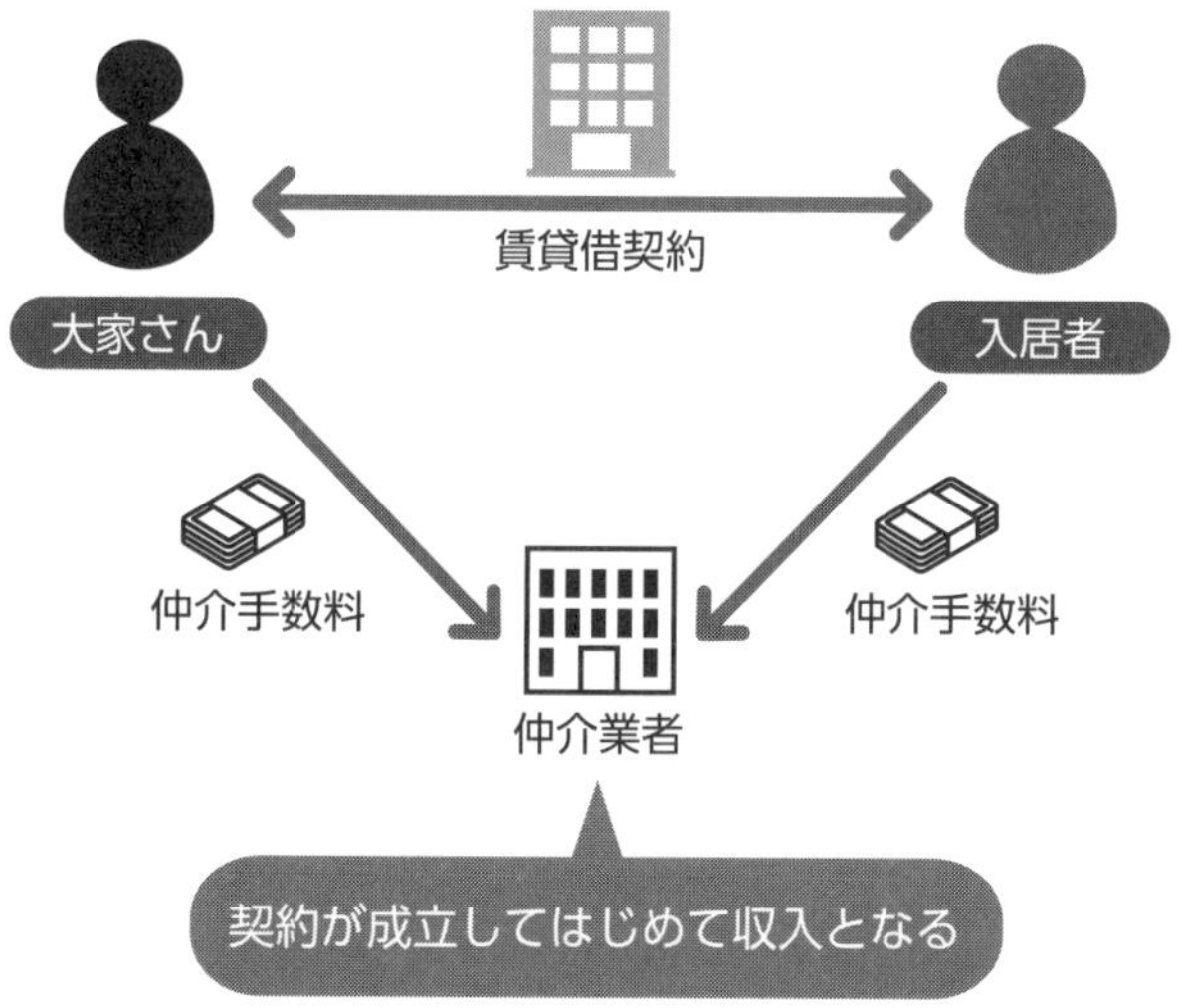

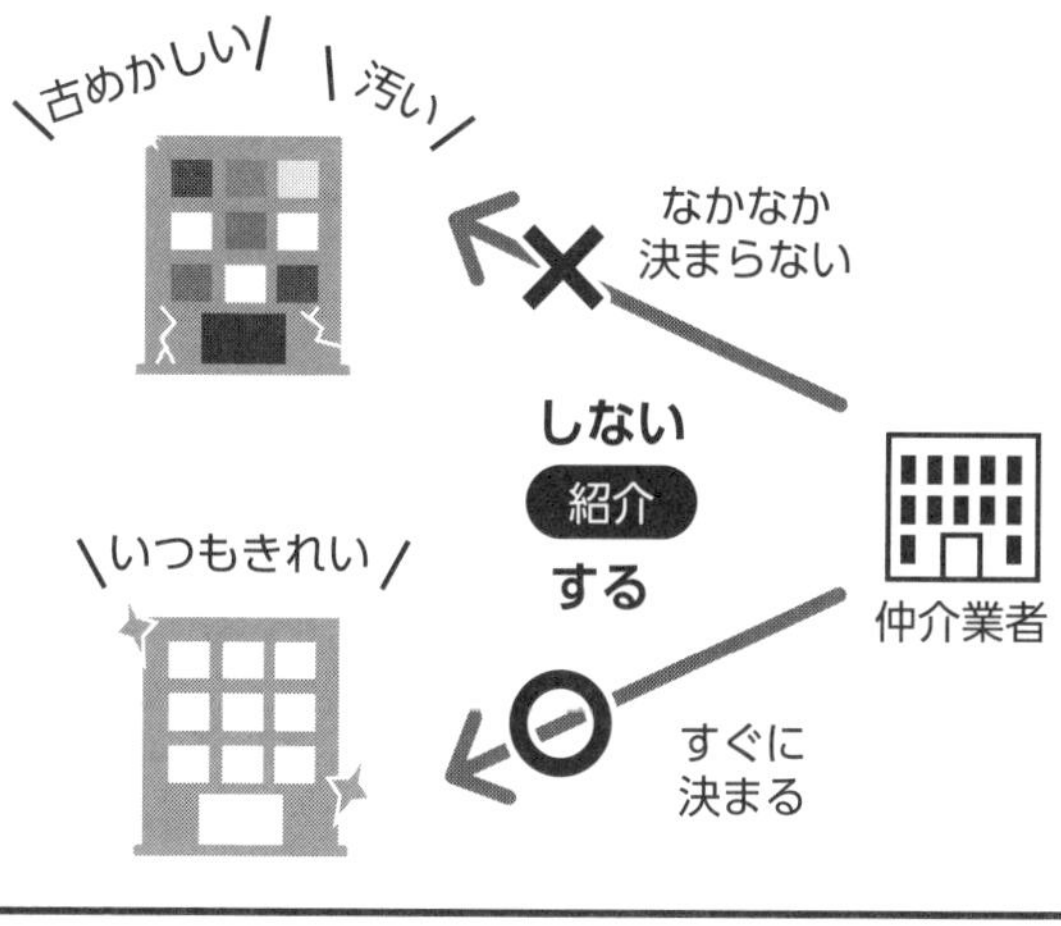

早くに決まる物件を選んで紹介する

ツボ30

見せるインテリアの工夫で物件の好感度をアップ

女性目線で部屋付けする

インテリアは、入居者が最も身近に接する部分です。このインテリアをどう見せるかで、入居率が大きく変わってくるものです。

前にもお話しした、「一括借り上げ」を私がおススメしないのは、ほんのちょっとの工夫で、家賃を下げずに済むものを、たいていの業者はそれをせずに家賃を下げることばかり考えるからです。

インテリアを変えるために床を張り替えると、大体20㎡で10万円くらいかかります。それでは予算に合わないかもしれません。

けれども、実際に見せ方をほんのちょっと工夫するだけで、入居がすぐに決まることがあるのです。では、「ほんのちょっとの工夫」とはいったいどんなことなのでしょうか。その代表的なものが、部屋の飾り方、チラシの作り方です。

インテリアで空室を作り込む

内見をしに来たお客様は、「この部屋でどういう生活ができるのか」という想像をしています。その想像の手助けをするのが、インテリアだと言えるでしょう。

これは、特にリフォーム費用がかけられないときなどにも有効なのですが、**お部屋の中に家具を入れて、きれいに飾る**のです。言ってみれば、分譲マンションのモデルルームのようなイメージです。

例えば、女性向けにレースのきれいなカーテンをつけたり、テーブルやクッションを備えつけたりします。玄関には小さな花を生けることもあります。

「ただ家具を入れればいい」ということではなく、**きちんとコンセプトを作って家具をコーディネートする必要があります**が、こうすると、手をかけていない部屋に比べてずっと早く契約が決まります。

部屋付けのために入れたインテリアは、お客様が気に入れば、売ってあげることもできますし、そうでなければまた空室が出たときに再活用すればいいでしょう。

チラシの写真にも気を配る

家具などで部屋を作り込んだら、次はチラシの見せ方を考えます。これをやると、かなりの確率でお客様が入居を決めてくれるようになります。

賃貸情報サイトなどを見ていると、薄暗い部屋の写真を撮っていたり、人やスリッパ、バケツなどが映り込んでいたりと、写真のクオリティをまったく意識していないものが多いです。

しかし、**部屋を探している人（特に女性のお客様）は、写真から得るイメージで、「ここを見てみたい」「ここに住んでみたい」と思うもの**です。そう思っていただき、内見に来てくれれば、後は**作り込んだモデルルームでさらに生活のイメージを膨らませてもらう**。これが、入居者を獲得する最強の流れだと思います。

また、写真の撮り方一つを意識するだけなら、それほどお金は必要ありません。物件情報サイトの写真を見ればおわかりのように、ここで紹介したような小さな配慮さえ、多くの仲介業者は気がつかないのです。ですから、他の物件と　差をつけるためにも、ぜひやってみることをおススメします。

[募集チラシの写真は作り込みを！]

ワンルーム⇒お姫様気分の部屋

赤などで印象的な
色づかいの家具で
インパクトを出す
花柄の
カーテンを
つける

ファミリータイプ⇒家族ですごす明るいリビング

部屋のアクセント
になる部分も
見えるように撮影
明るく透明感の
ある家具を
セレクト

ツボ31

物件を放置せずにフェイスtoフェイスでつながりを持つ

入居者とコミュニケーションをとる

掃除や植木のメンテナンスといった管理は、大手は当たり前にやっていることです。しかし同じことをしていただけでは、大手に勝つことはできません。

大手に勝つには、前にも述べましたが、「大手にできなくて、個人の大家さんにできること」をやるのです。

その一つが、入居者と仲良くなることです。都会では、隣に住んでいる人がどんな人かもわからない時代です。干渉はされたくないですが、人とのつながりがまったくなくていい、という人はいるでしょうか。

病気や鍵をなくしたときなど、**困ったときに入居者に対して暖かく接してくれる大家さんがいるマンションには、一度事情があって出ていっても、また同じ入居者が戻って**

くるということもあるのです。部屋の設備などは日本中同じようなものがたくさんありますが、人とのつながりは同じにはできません。また、入居者が大家さんを好きになると、自分の友達を新たな入居者として紹介してくれることもあります。

入居者の声を吸い上げる

物件を管理する際は、管理会社との交流を持つのと同時に、入居者への心遣いも必要です。特に、実際に自分の物件に住んでいる（住んでもらっている）入居者の生の声を吸い上げるのは、物件をよりよくしていくのに不可欠です。

自分への批判やクレームは耳が痛く、受け入れにくいかもしれません。しかし、そのような声は有り難く頂戴して、次に活かす必要があります。

生の声をもらうために、実際にマンションをうろうろしてみるのもいい手です。管理会社の掃除具合をチェックするついでに、入居者がいそうな時間や曜日に実際に足を運んでみるのです。入居者がいたら「こんにちは、アパートの大家ですが、何か問題はありませんか?」と聞いてみます。

なかには、「隣の家がうるさい」「上の住人の足音が気になる」というような騒音の問題を話してくれる人もいます。こうした音の問題は、実際に解決するのは難しいですが、丁寧に話を聞いてあげると、たいていはそれで収まってしまいます。**みんな、誰かに聞いて欲しい、共有したいと思っている**のです。どうしても入居者が納得しないようなら、新しい物件を探してあげるのもよいかもしれません。

ポストに手紙を入れても、なかなか返事を書いてくれる人はいません。思っていることを手紙に書き、渡す、という行為をしてまで、言いたいことがある人は少ないものです。たいていは、文句があるなら黙って出ていってしまいます。**手紙を出すよりも、直接話をしたり、電話で聞いたりしたほうが、素直な意見が聞けるもの**です。

また、長く住んでくれた人へ簡単なプレゼントを贈るのも、感謝の気持ちが見えて素敵です。プレゼントは高額なものでなくてもいいのです。

私のお客様に近所のカフェのモーニングチケットをプレゼントされている大家さんがいますが、ご近所づきあいと地域活性と、入居者への感謝の気持ちがいっぺんに表現できる、気の利いたプレゼントだと思います。大手には、大家さんのように、自分の買ったマンションに愛着を持ちかわいがる、ということができません。**大手と競合していくためには、ハードではなくソフトで勝負をしましょう。**

[入居者の不満はコミュニケーションで解決]

入居者が不満に思うポイント

1. 何をどこまで対応してくれるか不明
2. 建物の手入れが不十分
3. トラブル時の対応が遅い
4. 緊急時の連絡先がわかりづらい
5. 住民の要望を聞いてくれない

不満は退去に結び付きやすい

※国土交通省「賃貸入居者調査」より

入居者とコミュニケーションをとる方法

その1
入居者に声をかける → 物件の清掃具合をチェックする際に入居者が出入りしそうな時間帯を選んで声をかけてみる

その2
直接（電話で）話を聞く → 苦情があるときには、その理由を聞いてあげ、一緒に悩むことが大切

その3
入居者にプレゼントをする → 長く住んでもらっている入居者へ、感謝の気持ちを込めてささやかなプレゼントを贈る

＼ツボ／
32

5年に一度の市場調査で物件価値を再調査

市場調査は5年に1回を目途に

24ページで、物件を購入する際に市場調査をしましょうというお話をしました。これは、何も物件を購入するときだけやるものではありません。購入後もこまめにやる必要があります。「空室が目立つようになってきたな」と感じているのならなおのこと、今すぐやるべきです。

空室になったらすぐに掃除をして、リフォームするかを決め、次の入居者を得るために仕掛けなければいけません。空室になってあれこれ考えていたのでは、空室期間が延びるばかりです。空室期間が延びれば、当然儲けも減ってしまいます。

ですので、**時間とお金のロスを出さないためにも、市場調査を定期的にしておくこと**をおススメします。それができていれば、次に家賃をいくらくらいに設定し、そのためにどういうリフォームをしたらいいかが見えてきます。

ある大家さんは、バブル時代に建てた自分のマンションが「いいものだ」という自信を持っていました。そのため家賃も「このくらいは取れるはずだ」と、周辺の新しい賃貸マンションと同じ額で家賃を設定していました。

いくら質のいいマンションだとしても、バブル期と言えば20年以上前。新築のマンションとは、ついている設備もまるで違います。

ただ、市場調査をしていないと、それはわからないものです。昔のイメージが頭に残ったままでは、自分のマンションの現状は把握しづらいものなのです。

その大家さんには、実際に新築のマンションを内見してもらい、どんな設備が整っていて、どんなにきれいかを見ていただいた上で、大家さんの考えている家賃設定が妥当ではないということをご理解いただきました。自分のマンションが、今どういう位置にいるのかを把握するためにも、**少なくとも5年に一度**は、役所でデータを取り、周辺に建っているマンションを外から眺めて空室状況を調べる、駅前の人の流れを見る、スーパーを覗くということを地道にやる市場調査を行ってください。

自分の物件の競合を知る

例えば、市場調査で、隣にある同程度のマンションを調べたとしましょう。隣より自分のマンションの家賃が高い場合、対策を講じないと隣のマンションに入居者を取られてしまいます。前にもお話ししたように、日本のマンションにはほとんど個性がありません。特徴がない中で、入居者が何を基準に選ぶかと言ったら、「安い家賃」ということになってしまうからです。

また、ファミリータイプの物件の場合は、競合相手は賃貸住宅ばかりではありません。分譲マンションなども競合に入ってきます。ファミリータイプの入居者はお金が貯まると、マンションを買って出ていってしまうことも多いです。たいていのマンションのポストには、「分譲マンションが11万円（今の家賃より安い価格）で買えます！」といったチラシや、「××マンション売ります」といったチラシがあふれています。マイホーム願望は多くの人が持っています。これに対応するためにも、**ファミリータイプの物件は、市場調査を分譲マンションにまで広げて行うようにしてください。**

[5年に一度は市場調査を！]

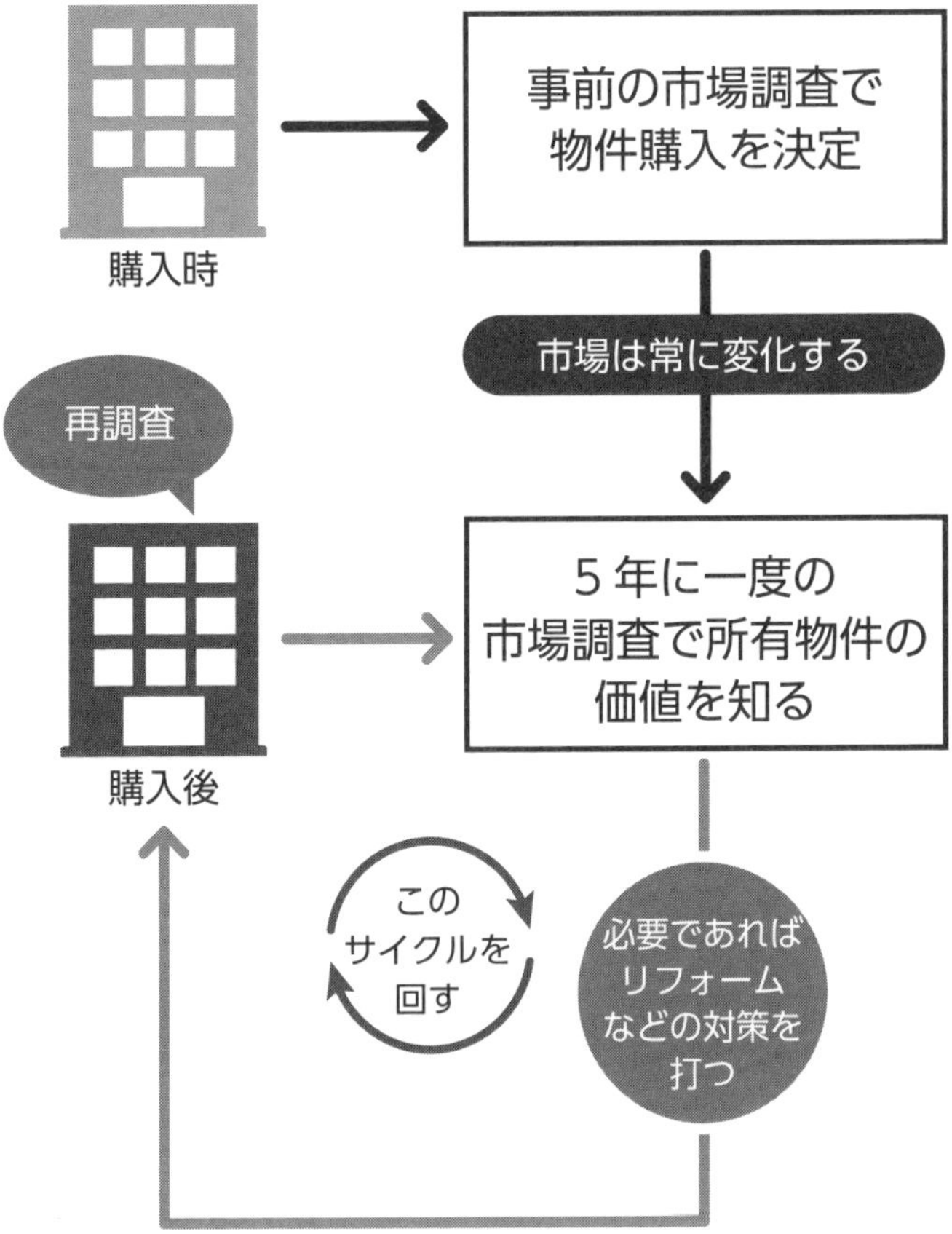
購入時
事前の市場調査で
物件購入を決定
市場は常に変化する
再調査
購入後
5年に一度の
市場調査で所有物件の
価値を知る
この
サイクルを
回す
必要であれば
リフォーム
などの対策を
打つ

空室が目立つようになってからでは遅すぎる!!

＼ツボ／
33 物件を購入する前からコストカットを意識する

リスクを分散させてマイナスを防ぐ

賃貸経営をしている大家さんの中には、「どうしてこんなに必要経費がかかるの?」と嘆く方がたくさんいらっしゃいます。「家賃しか入ってこないのに、出ていく経費はあれこれたくさんあって、持ち出しでいっぱいだ」と。

定期的にかかる管理費用に加えて、突発的に何かが壊れたり、空室が出たりするだけで赤字になってしまうこともしばしばです。

確かに、管理費用は家賃収入の15%くらいかかることもありますから、そもそもの収入が低い場合は、嘆きたくなる気持ちもわかります。かといって経費を抑えるために、建物の修繕をせずに入居者に我慢を強いるのが一番ダメなやり方です。賃貸経営をサービス業だと考えれば、絶対に掃除や修繕を怠ってはいけません。

外部に委託すると費用がかかるため、管理を自分で行うのも、一つの手です。後々の勉強のためにも、一度は経験しておいて欲しいことでもあります。ただ、このような経費の問題は、物件を購入する前から意識しておかなければいけません。特に2棟、3棟と増やしていく際には重要となってきます。

経費削減の考え方の一つに、リスク分散があります。小さな物件を一つ持つよりも、数をたくさん持つほうが安心です。どこかの物件で突発的に費用が必要になっても、他の収益からまかなえるためです。リスク分散の意味から考えると、新築、中古、マンション、アパート、戸建て、ワンルームからファミリータイプまで、所有する物件の種類が異なるほうが効率的です。

以前、地方に大型マンションを所有している大家さんがいました。それを近くの工場に借り上げしてもらっていたのです。毎月安定して収入があり、かなり「ウハウハ」でした。けれども、リーマンショックのあおりを受けて、工場が閉鎖されてしまうと、突然大量の空室を抱え、苦しい経営を強いられることになりました。

所有している物件が偏っていることの恐ろしさを見た気がします。ですので、所有する物件の収益がよいうちに、リスク分散も考え、次の物件を増やす手立ても考えておくとよいでしょう。

物件は「かたまり」で持つとコスト削減になる

管理を外部に委託する場合、その業務が大きくなればなるほど「お得」になります。

例えば、4部屋のアパートを掃除してもらうのと、100部屋のマンションを掃除してもらうのとでは、もちろんトータルの金額は異なりますが、1部屋あたりの掃除の金額は、部屋数が多いほうがずっと安く済みます。

また、大型の顧客に対しては管理会社の対応が異なるものですから、同じ業者に大きな仕事を依頼するほうが効率的です。

さらに、複数の物件を所有する際は、それぞれの立地にも気を配りたいところです。

20ページで、物件は自宅から2時間以内の場所で選びましょう、というお話をしました。これまでお話ししたように、自分の所有する物件を放置していては、決して収益は上がりません。こまめに現地に出向いて、建物をかわいがらないといけないのです。

ただ、その際の交通費も、経費としてはばかになりません。**物件を複数持つ場合、それぞれの物件の場所がバラバラだと、現地に赴く労力も交通費もかかりますから、近い場所にいくつか持つほうが、コスト削減につながります。**

［所有物件を増やして管理コストを削減］

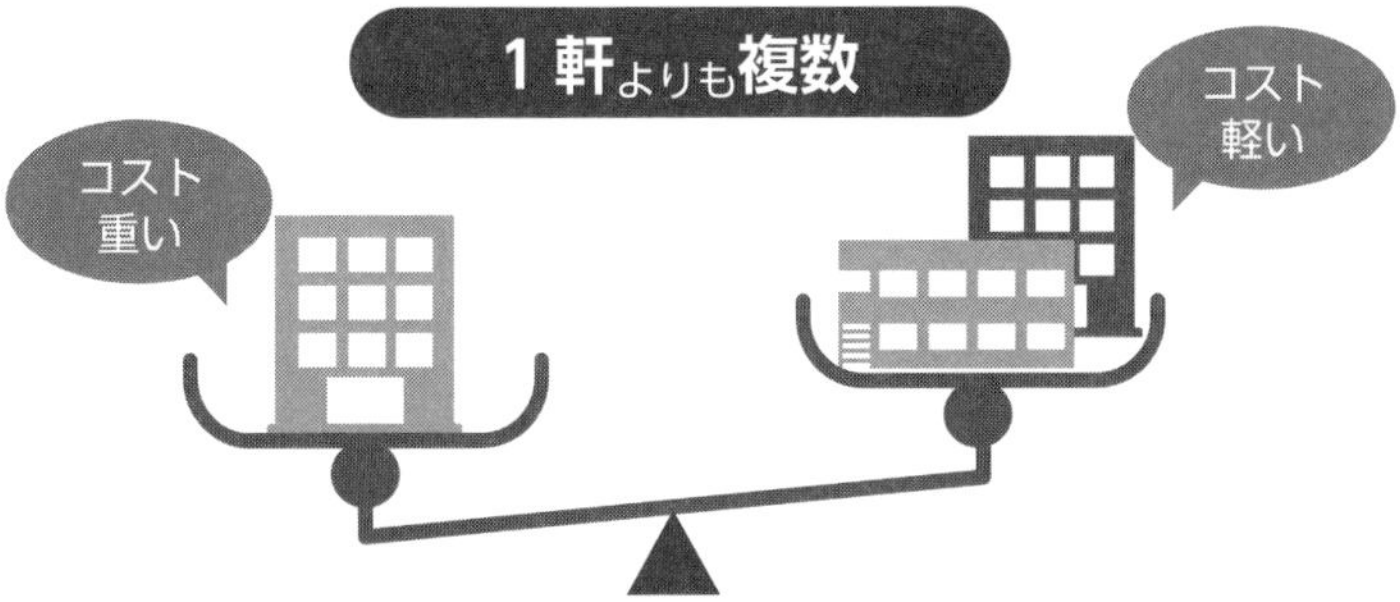

**1軒よりも複数軒の管理を
まとめて依頼するほうがコストも軽くなる**

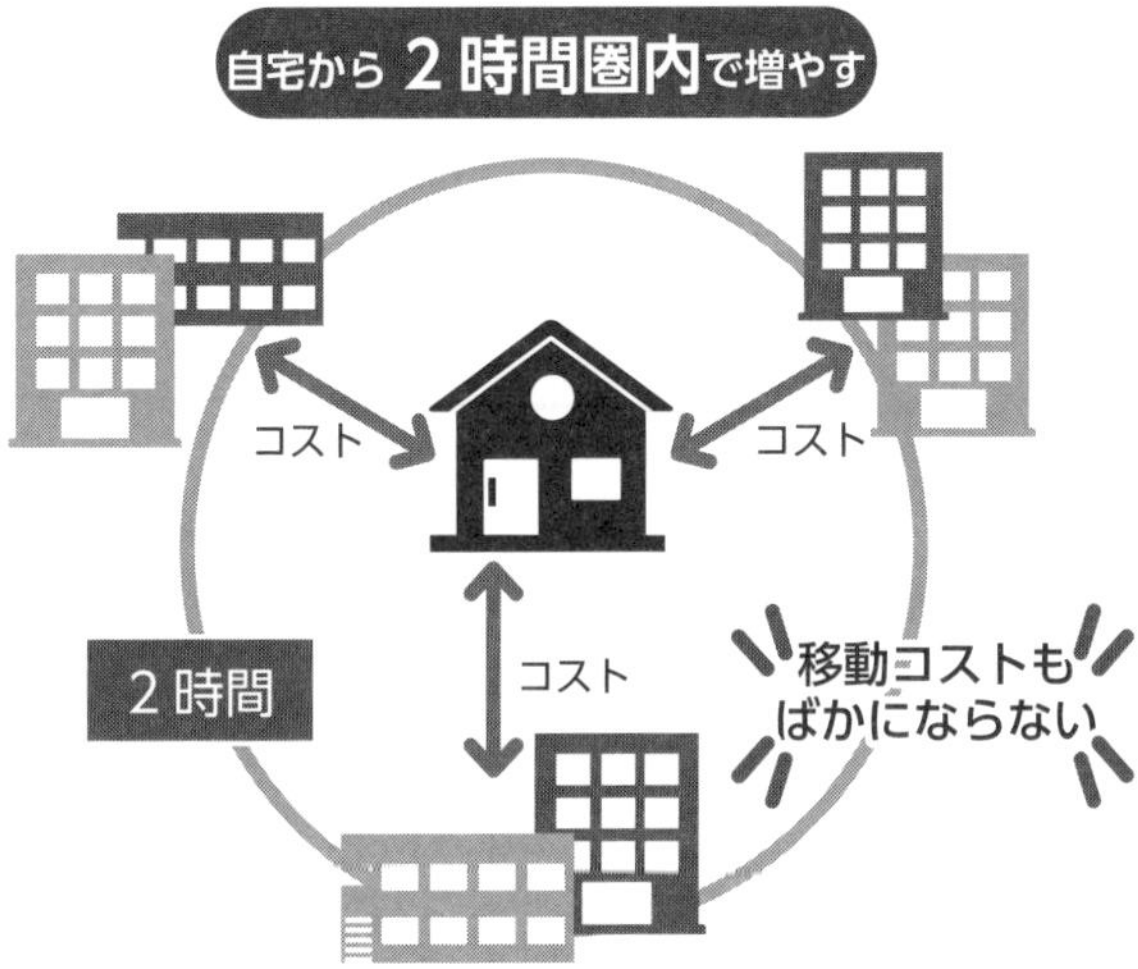

**物件は自宅から2時間圏内で
かつ、かたまりで持つ**

常に市況をチェック！50代で所有物件1000戸超え

事業家大家さん
不動産投資歴／40年
賃貸年収／5億円

20代で自宅を人に貸すところから賃貸マンションや戸建て賃貸を持つことが楽しくなり、増やしに増やして50代で1000戸を超えたオーナーさんがいます。

ここまでいくと年収もさることながら莫大な利益となります。それでも満足せず、まだまだ収益の高い物件があると購入し、以前購入したマンションを売るという具合に、所有する賃貸住宅を絶えずよいものに入れ替えています。

賃貸経営は物件を入れ替えしながら、収入を保つ必要があり、そのほうが資産は守れます。ですので、一度購入したら終わりではなく、絶えず購入と売却のバランスを取ることはとても重要なのです。

不動産は10年ぐらいで波が来ますが、この方は絶えず市況を見ていて、割高なとき、安価なとき、それぞれのタイミングで、売りと買いを調節しているところが大成功のポイントと言えます。

ただ、さすがにここまで大きな規模になると、大家さん一人の力では何ともなりません。この方の場合、長年の経験もありますが、数名のコンサルティングのプロがパートナーとしてついており、物件情報も絶えず最新のものが手に入る状況になっています。

海外旅行は年に数回行き、管理は管理会社に任せているようですが、それも信頼できるパートナーがいればこそだと言えるでしょう。

第4章

賃貸住宅で節税もする賢い大家を目指す

ツボ 34

賃貸経営の節税は経費が決め手

手元に残るお金はいくら？

賃貸経営をする際に知っておかなければいけないのは、収入に関する考え方です。不動産投資物件の広告に載っている「利回り」は、「実際の利回り」ではなく、満室時の家賃収入をベースにしているということは52ページで解説しました。しかし、実際は家賃収入から諸経費や税金が引かれて、手元に残るのが、利益になるわけです。

大家さんの利益をおおざっぱに式にするとこんな感じです。

家賃収入－必要経費＝所得金額

所得金額－所得税＝実際の利益

ここで注目したいのは、所得税のかかり方です。家賃収入そのものを対象にして税金がかかるのではなく、「所得金額」に対して所得税がかかります。不動産の所得金額は、家賃収入から必要経費を除いた額です。

家賃収入が500万円で、必要経費が50万円なら、450万円に対して所得税がかかる計算です。ですから**必要経費がたくさんあれば、所得金額が減り、所得税の額も減っていく**というわけです。

ただし、必要経費を無闇に増やしてしまうのも考えものです。増やしすぎると、その分、所得が減ってしまいます。逆に修繕費や清掃費などを大幅に削ってしまうと、入居者に不便を強いることになり空室が多くなったり、家賃を下げなくてはいけなくなったりして、これもまた、家賃収入自体が減る恐れがあります。

利益を上げようとして諸経費を削り、自主経営にして清潔さが保てなくなり、どんどん経営が苦しくなっている大家さんはたくさんいるのです。

そこで大切になるのが、**必要経費と節税**です。この章では、より賢く不動産投資を行うための節税について考えていきます。

そもそも所得税って何だろう？

まずは、所得税について詳しく見ていきましょう。

所得税は、収入の種類によって10種類に分けられています。会社員の収入（額面）は「給与所得」、家賃収入は「不動産所得」です。その他フリーランスの個人事業の収入は「事業所得」、株の収益は「配当所得」、満期保険金などの一時金は「一時所得」になります。左図を見てもわかるように、それぞれの所得によって所得金額の計算方法が異なります。

10種類の所得のいくつかをかけもちして所得がある場合は、基本的にはそれらを合算して、すべての収入を一つにまとめて税率を計算します。これを「**総合課税方式**」と言います。例えばサラリーマン大家さんの場合、給与所得と不動産所得があるでしょう。これら2つを合算した金額（「総所得金額」）に課税されます。総合課税方式がとられているのは、収入の額に対して平等に税金をかけるためです。一部の所得については、他の所得と合算せずに課税されます。これが分離課税方式で、利子、山林、退職などの所得が対象になっています。

また、人それぞれで環境が異なり、生活するための支出が多い人もいれば、少ない人もいるでしょう。そうした事情を考慮して税額を計算し、より平等にしようというのが「所得控除」です。

[不動産収入に対する税金]

総合課税

所得の種類	内容	所得金額の計算式
事業所得	漁業、農業、個人事業の所得	収入ー必要経費
不動産所得	**不動産賃貸の所得**	**収入ー必要経費**
給与所得	**給与および賞与**	**収入ー給与所得控除**
配当所得	株式や出資金の配当	収入ー負債利子
雑所得	公的年金等	収入ー公的年金等控除額
	副業収入(原稿料など)	収入ー必要経費
譲渡所得	ゴルフ会員権等の売却益	収入ー(取得費+譲渡費用)ー特別控除額
一時所得	賞金および懸賞金(宝くじは除く)	収入ー必要経費ー特別控除

サラリーマン大家さんの場合は?

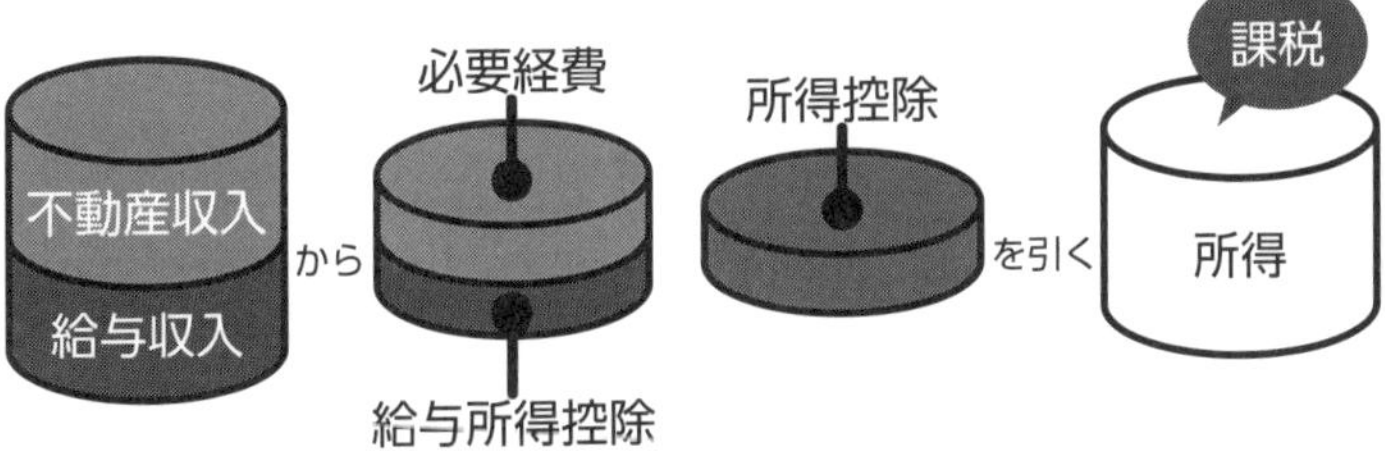

収入は合算して課税される

節税と良好な経営を実現する必要経費

所得控除には、配偶者控除、障害者控除、社会保険料控除などがあります。ですので、自身に当てはまる控除の項目を把握しておく必要があるでしょう。

不動産所得の場合、所得控除は、家賃収入から必要経費を引いた所得金額から差し引きます。詳しく計算式を書き直すと、

収入（家賃など）－必要経費＝総所得金額

総所得金額－所得控除－所得税＝実際の利益

となります。

課税所得は、金額に応じて税率と控除額が変わってきます。収入が多ければ税率は高く、少なければ低く設定されています。

以上を踏まえ、節税対策について考えてみましょう。例えば、課税所得が９０１万円だったとします。すると税率は33％、控除額は１５３万６０００円ですから、所得税額は１４３万７３００円で、税引き後の利益は７５７万２７００円です。

一方で、必要経費として、修繕や清掃を50万円かけて行い、課税所得を８５１万円に

［所得税の税率表］

平成 27 年分からの収入

課税される所得金額	税率	控除額
195万円以下	5%	0円
195万円を超　330万円以下	10%	9万7500円
330万円を超　695万円以下	20%	42万7500円
695万円を超　900万円以下	23%	63万6000円
900万円を超　1800万円以下	33%	153万6000円
1800万円を超　4000万円以下	40%	279万6000円
4000万円超	45%	479万6000円

出所：国税庁 HP より

したとします。すると税率は23%に下がり、控除額は63万６０００円になります。この場合の所得税額は１３２万１３００円で税引き後の利益は７１８万８７００円になります。

修繕費や清掃代に50万円をかけるのと、かけないのでは税額が約38万円も違ってきます。ただ、その分利益も減っているという人もいるかもしれません。

しかし、考えてください。**修繕費や清掃代といった必要経費は入居者のメリットとなり、必ずその後の経営にプラスとなって返ってきます**。

必要経費を効率的に使うことが節税につながり、ひいては利益を増やすコツなのです。

＼ツボ／
35 必要経費になるものとならないもの

まずは経費の項目を知ろう

それでは、必要経費として認められるものはどんなものがあるのか見てみましょう。

より自分の利益を減らしたいために、あれもこれもと経費として計算したくなるかもしれません。しかし、悪質な申告が多くなると、税務署が大家さんを狙い撃ちして税務調査に入ることも考えられます。そうなると、必要以上に申告内容を探られることになりますから、どんなものが経費として認められるのかをしっかり把握しておくことは大切です。

ただ、「この項目は必要経費である」といった、はっきりとした決まりはありません。

そのため、ここで紹介するのはあくまで目安と考えてください。

その上で、経費の項目は次のように分類できます。

①支払手数料

仲介手数料、広告料。

②租税公課

土地・建物に対する固定資産税・都市計画税。賃貸住宅を取得した際に課される登録免許税、不動産取得税。賃貸による儲けに課される事業税。

③損害保険料

賃貸している物件が加入している、火災保険、地震保険、賃貸住宅費用補償保険など。

④減価償却費

こちらについては160ページ以降を参照。

⑤修繕費

外壁の塗り替え。水回りや部屋などの設備の修理、畳の張り替えなど。

⑥借入金利息

賃貸する物件の取得にあたり、金融機関から融資を受けた場合、その借入金の利息。

⑦管理費

清掃などで管理会社へ支払う管理費や保守点検費。入居者の募集などで管理会社へ支払う費用。

⑧交通費

不動産投資会社のセミナーに参加するための交通費。管理会社などと打ち合わせをするための交通費。物件を見に行くための交通費。

⑨通信費

管理会社と連絡をした際の通話料、インターネットで物件を検索するための通信費。

※しかしこれは、私用で使うことも想定されるので、全額を経費とすることはできません。全体の30～40％の割合で申請している大家さんが多いようです。

⑩新聞図書費

不動産や経済について調べ、賃貸経営の業務に役立つ情報を知るための新聞代や書籍代。

⑪接待交際費

管理会社や税理士などと打ち合わせをする際に利用したお茶代。

⑫備品・消耗品費

物件を撮影するためのカメラ購入費、不動産情報を手に入れるためのパソコン購入費、資料を印刷するためのプリンタおよびコピー用紙代など。

⑬雑損失

売買契約後の契約解除にかかる違約金。

⑭その他

確定申告などで税理士に支払った費用。入居者へのプレゼントなど。

必要経費にならないものもある

必要経費にならないものとしてあげられるのは、まず土地の取得および取得に要する費用です。建物は減価償却費として必要経費にできますが、**土地は減価償却できません**。また、土地の購入代金には消費税がかかりません。ただ、**土地の購入時に支払う不動産取得税や登録免許税は経費にできます**。しかし、所得税や住民税の支払いは必要経費になりません。

その他で経費にならないものとしては、物件購入時の仲介手数料、加算税・延滞金などの税金、交通違反などで課された罰金、プライベートな食事、旅行、観劇、自宅の修繕費、自宅の地震保険などがあります。

＼ツボ／
36 節税には絶対に欠かせない減価償却

建物は減価償却で経費にできる

前項で説明したように、土地の購入代金は必要経費に計上できません。

しかし、その土地の上にある建物は、必要経費として計上することができます。なぜなら**減価償却が使える**からです。

みなさんも減価償却という言葉はどこかで聞いたことがあるでしょう。これは、モノを購入したとき、その支払った年度に全額を経費として計上するのではなく、何年かに分けて経費に計上するものです。機器や設備などの固定資産は、年を経るにしたがってその価値が減少していきます。その目減り分を踏まえて計算していくのです。

減価償却できる設備にはそれぞれ、耐用年数が決まっています。例えば、エレベーターでは17年、給排水設備は15年、冷暖房機器は6年といった具合です。賃貸用の建物

[建物の耐用年数]

構造・用途	細　　目	耐用年数
木造・合成樹脂造	事務所用のもの	24
	店舗用・住宅用のもの	22
木骨モルタル造	事務所用のもの	22
	店舗用・住宅用のもの	20
鉄骨鉄筋コンクリート造 鉄筋コンクリート造	事務所用のもの	50
	住宅用のもの	47
れんが造・石造・ブロック造	事務所用のもの	41
	店舗用・住宅用・飲食店用のもの	38
金属造 （鉄骨造）	事務所用のもの	
	骨格材の肉厚が、	
	4㎜を超えるもの	38
	3㎜を超え、4㎜以下のもの	30
	3㎜以下のもの	22
	店舗用・住宅用のもの	
	骨格材の肉厚が、	
	4㎜を超えるもの	34
	3㎜を超え、4㎜以下のもの	27
	3㎜以下のもの	19

出所：国税庁 HP より

で言えば、鉄筋コンクリート造なら47年、鉄骨造は34年、木造は22年と構造によって耐用年数は細かく分類されています。

また、**減価償却には「定額法」と「定率法」の2種類があり、どちらかを選ぶことができます**。ただし、建物については、定額法しか選択できません。

定額法は、取得価額に対して、設備ごとに決められた耐用年数に応じた償却率をかけて計算します。耐用年数の期間、毎年同じ金額を経費として計上します。

例えば、5000万円の新築木造アパートを購入したとします。木造の耐用年数は22年で償却率は0・046ですから、毎年230万円を22年間、経費として計上することになります。

ただし、中古物件の場合は先に紹介した耐用年数がそのまま減価償却できる年数とはならず、次の計算式で償却期間を計算します。

（耐用年数－築年数）＋築年数×0・2＝中古物件の償却期間（小数点以下は切り捨て）

また、購入した中古物件が耐用年数をすぎていた場合は、計算式が異なります。

耐用年数×0・2＝中古物件の償却期間（小数点以下は切り捨て）

例えば、築30年の木造アパートを2000万円で購入したとすると、22年（耐用年数）×0・2＝4・4となり、小数点以下は切り捨てとなるので、2000万円を4年で減価償却していくことになります。

一方で定率法は、帳簿価額に、設備ごとに決められた耐用年数に応じた償却率をかけて計算します。帳簿価額とは、初年度は購入価格のままで、2年目は減価償却費を引いた後の価額となります。設備は、時間が経つにつれて価値が低くなっていきますから、帳簿価額は下がっていきます。

ですから**定率法は、計上する初年度が最も高い金額を計上し、それ以後年々、減価償却できる金額が減っていくことになります。**

[定額法と定率法]

●定額法

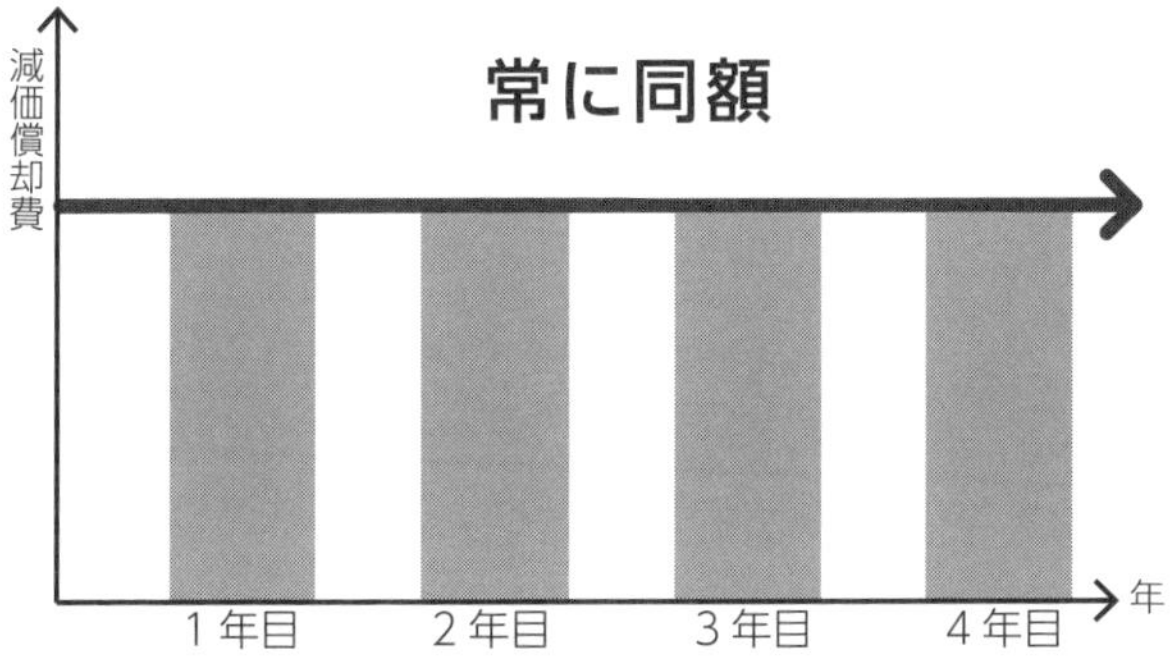

減価償却費＝取得原価 × 定額法の償却率 × 使用月数／ 12 カ月

毎年同額を減価償却の費用として計上していく。基本的に建物は定額法で計算される。

●定率法

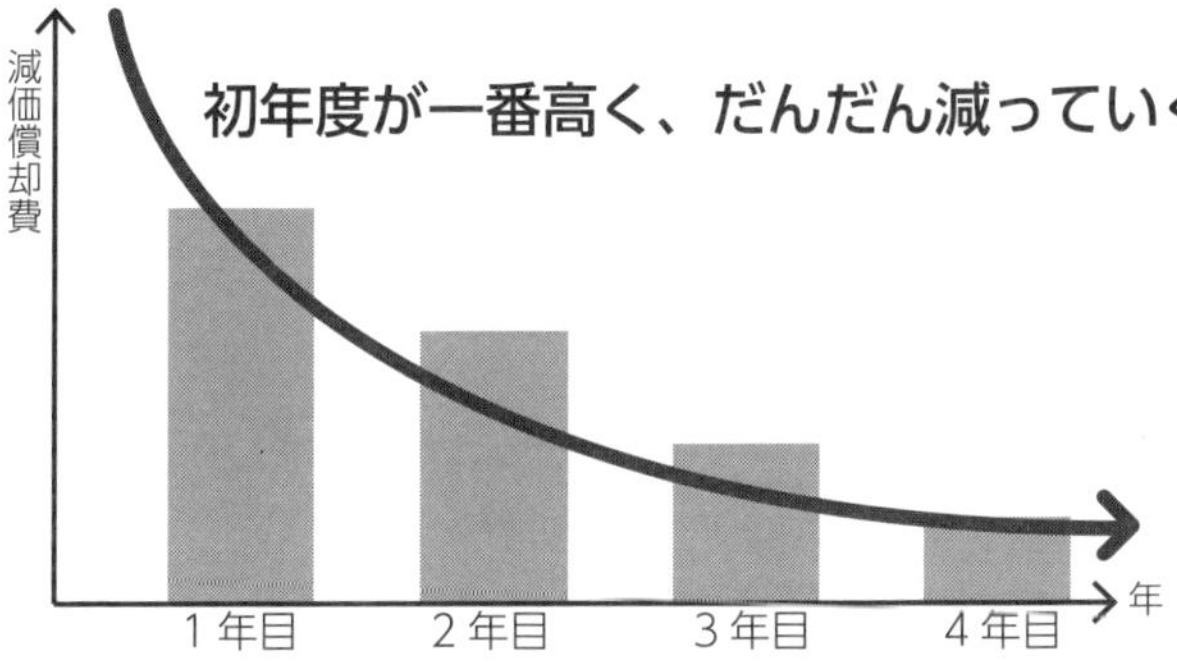

減価償却費＝(取得原価－減価償却累計額) × 定率法の償却率 × 使用月数／ 12 カ月

当初の減価償却費が多く計上され、年々計上額が減少していく。個人が定率法を選択したい場合は事前に「所得税の減価償却資産の償却方法の届出書」を提出する必要がある。

ツボ 37

土地より建物が高い物件が減価償却にはいい

購入時には建物の価格をチェック

不動産売買の契約書には、たいてい土地と建物の金額を合わせた販売価格が記載されています。これは、販売する不動産業者にとっては、土地と建物の価格を明確に区分しなくても、自分の業務には差し支えないためです。

しかし、大家さんにとっては重要な問題です。なぜなら、前にも説明したように、減価償却できるのは建物のみだからです。

そのため、**建物の比率が大きいほうが、減価償却できる金額が増える、つまり必要経費が増えて所得が減り、節税になる**のです。ですから、物件購入時には、建物の価格をチェックしておくに越したことはありませんし、できることなら、建物の価格の比率をできる限り大きくしたいものです。売買価格を値切るよりも、価格のうちの建物の比率を大きくしてもらうほうが得な場合もあります。

建物価格を知る方法

では、どのように建物の価格を知ることができるのでしょうか。

まずは、**契約書に消費税が記載されているのであれば、そこから建物の価格を逆算することができます**。

物件の売買価格が1億円（税込み）で、消費税が500万円なら、500万円÷8％×1・08で建物の価格を税込みで6750万円と計算することができます。

その場合、土地は単純に売買価格の1億円から6750万円を引けばよいので、土地の価格は3250万円になります。

一方、**消費税の記載がない場合は、一般的に「固定資産税評価証明書」を利用して価格を把握します**。

この固定資産評価証明書は、対象となる不動産を管轄する市区町村の税務課が交付するものです。ただし、これは所有者しか普通は取得できませんから、売主に依頼して手に入れる必要があります。この証明書には、土地4500万円、建物3500万円というようにそれぞれの価格（固定資産税評価額）が記載されています。

賃貸住宅の売買で注意すべきこと

実際の売買では、この固定資産税評価額をもとに土地と建物の価格を決めるのですが、ここで少し注意が必要になります。

先にも説明したように、**消費税がかかるのは建物のみで、土地は非課税ですから、売主側としては、手元に残る現金を多くするために、販売金額のうちの建物の比率を下げたがる傾向にある**のです。そもそも販売されている収益物件の価格は、土地と建物の価格を分けて書かれているケースが少ないので、ともすると知らぬ間に土地の比率が高い（建物の比率が低い）場合があります。一方で買主側としては、減価償却ができる建物の比率が高いほうがいいわけですから、その場合は、建物の比率を上げてもらうよう、売主側との交渉が必要となります。交渉する場合は、不動産に詳しい税理士さんに相談するのが一番です。**少なくとも固定資産税評価額に近くなるまで、土地の比率を下げてもらうべきです。**交渉次第では、土地の比率を大きく下げてもらえることもあるので、賢く節税できる方策を探ってみてください。

[建物価格の割り出し方]

土地＋建物

物件価格 1億円 の場合

（税込み）

●消費税が 500万円 なら

▶▶▶ 消費税が かかる！

▶▶▶ 消費税が かからない！

▼

500万円の消費税は
建物だけにかかっている

500万円 ÷8%×1.08＝ **6750** 万円

建物価格（税込み）

と算出することができる

6750万円－500万円（消費税）＝**6250**万円

6250万円の建物を
減価償却していくことになる

\ツボ/ 38

リフォーム費を必要経費とするために知っておきたいこと

修繕費を必要経費にするには？

賃貸経営をしていると、設備の入れ替えや建物の修繕をしなければいけないことが出てきます。こうしたリフォームや修繕にかかる経費は、「修繕費」か「資本的支出」かのどちらかに分けられ、税金のかかり方が違います。**修繕費は、その年に全額を必要経費として計上しますが、資本的支出は、減価償却で耐用年数にわたって計上します。**

修繕費とみなされるのは、破損箇所の原状回復、建物を維持するための定期工事、経年劣化した付帯設備の交換など、あくまで現状の維持や、原状へ回復するための費用です。一方で資本的支出は、それを行うことで資産価値が上がるもの、例えば付帯設備の新設や入居率を高めるためのデザイン・間取りの変更などです。修繕費か資本的支出かの判断は難しいため、国が定めた判断基準があります。それが左図です。

［修繕費と資本的支出を判断する］

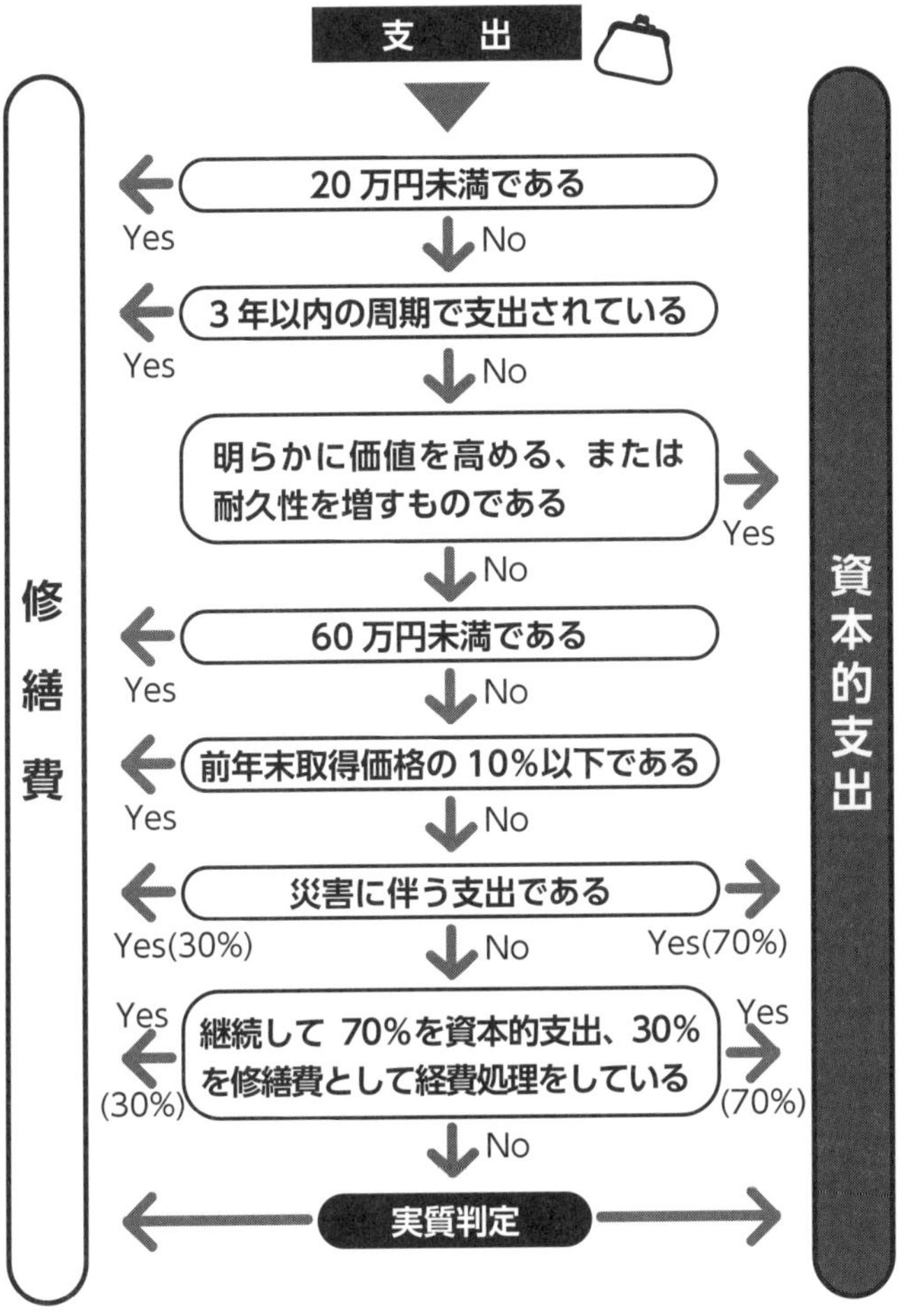

修繕費であれば一括で経費にできる

改装・修繕の計画は戦略的に

設備が古くなって入居が決まらなくなったら、それらを一新する必要があるかもしれません。しかし、市場調査をしてみて、これ以上家賃を上げるのが難しいと判断した場合は、お金をかけて改装するのは不要ということになります。

140ページでもお話ししたように、周辺の家賃相場がいくらなのか、空室がどれくらいあるのかを調べた上で改装費用を設定するほうが本来は先です。

利益が上がる年には、グレードアップして費用として使うこともありますし、逆に利益が上がらないように修繕だけで済ませるということもあります。このあたりの戦略は、税理士さんと相談をしていくとよいでしょう。特に**満室にするための費用を検討した上で、その費用の中でなるべく経費で落とせる方法を税理士さんと相談して節税につなげます**。毎年かける費用を決めて計画的に改装し、満室にしている大家さんもいます。

まずは、満室にすることが前提で考えるようにしてください。その上で、賢く節税する方法を探っていくことをおススメします。

[こんな場合はどっち？]

●外壁をリフォーム

500万円で外壁を塗装	塗装の代わりに 300万円でタイルを貼った
定期的に塗装を行わないと建物の劣化が著しくなるため、修繕費	タイルを貼ることで建物自体の価値が上がったため、資本的支出

●お風呂のバランス釜の寿命がきた

20万円で 新しいバランス釜を設置	50万円で ユニットバスに変更
原状回復なので修繕費 ★青色申告していれば、30万円未満なので少額減価償却資産として一括経費化が可能。	設備をグレードアップしているので、資本的支出

●畳をフローリングにリフォーム

19万円で フローリングに変更	22万円で フローリングに変更
20万円未満なので修繕費	20万円以上なので資本的支出

\ツボ/ 39

法人を使ってもっと節税をしよう

年間収入800万円を目指すなら法人に

不動産投資で最も効率的な節税方法の一つは、法人化すること、つまり会社を設立することです。会社を設立すると、確定申告を税理士さんに頼み、法人税の申告が必要となるなど手間も増えますが、法人化することのメリットはたくさんあります。ですから会社設立は、投資の目標設定をしたとき、最初の不動産を取得する前に考えておきたいところです。

実質的には、**手元に残る家賃収入が年間800万円以上なら、法人化したほうが税率で有利になります**。しかし、不動産経営の最終的な目標がもし、「年収3000万円以上稼ぐ」だとしたら、最初の投資をする前に法人を設立することをおススメします。

なぜなら一度不動産を個人で購入してしまうと、その後法人化する際に、個人から法人に不動産を売却しなければならず、その際に登録免許税、不動産取得税、譲渡所得税といった税金がかかってくるからです。例えば1億5000万円の賃貸マンションを売却すると、借入額によって違いますが、個人から法人へ売却するときに業者を通さなくても名義変更も含めて数百万円程度の税金等が必要になります。後から無駄な出費をすることを防ぐためにも、投資をはじめる前に目標を決めておいたほうがいいというのには、このような理由もあるのです。

もう一つの側面は、いい物件があったときに、資産管理会社の法人と、まだ不動産投資をしていない個人と、どちらがそのいい物件を手に入れられるかというと、銀行や仲介業者の協力を得やすいのは、会社のほうとなります。

法人にはこれら以外にもこれから紹介していくようなさまざまなメリットがありますが、まずは、**目標収入を決めて法人がよいのか、個人がよいのか、スタート前に考えてください**。数百万円の収入のままでよい場合は、個人経営でもよいと思います。

法人は必要経費の範囲が広い

法人化のメリットで最も魅力なのが、法人は必要経費として認められる範囲が個人より広いことです。個人と法人で、修繕費と資本的支出の項目が変わるのかというと、同じですが、**個人には経費として落とせる費用が法人より少なく、また法人であれば、家族を役員とすることで、支払う給与も経費にできます**（詳細は次項で説明します）。ただし、収入や規模がある程度ないと経費ばかり引くこともできないので、限度は税理士さんと相談が必要です。例えば、物件を購入するために、泊まりがけで現地に物件を見に行ったとします。個人だとかかった旅費しか必要経費として認められませんが、法人ならばそれにプラスして日当をつけることができます。1日いくらと決めた金額を、法人が個人に支払うのです。さらに法人は、会社役員として小規模企業共済に加入（所得控除）できます。また、倒産防止共済にも入れます。

その他、法人のメリットとしては退職金を積み立てて節税したり、生命保険の保険料として支払った全額や、半金を経費にすることができる、などがあります。

また、**賃貸経営で負債を抱えた場合、個人だと自分の財産からその負債分を払わなければいけませんが、法人にしておけば、負債を追うのは会社ですから、連帯保証人になっていないことが前提ですが、自分の財産は守ることができます。**

[法人化のメリット]

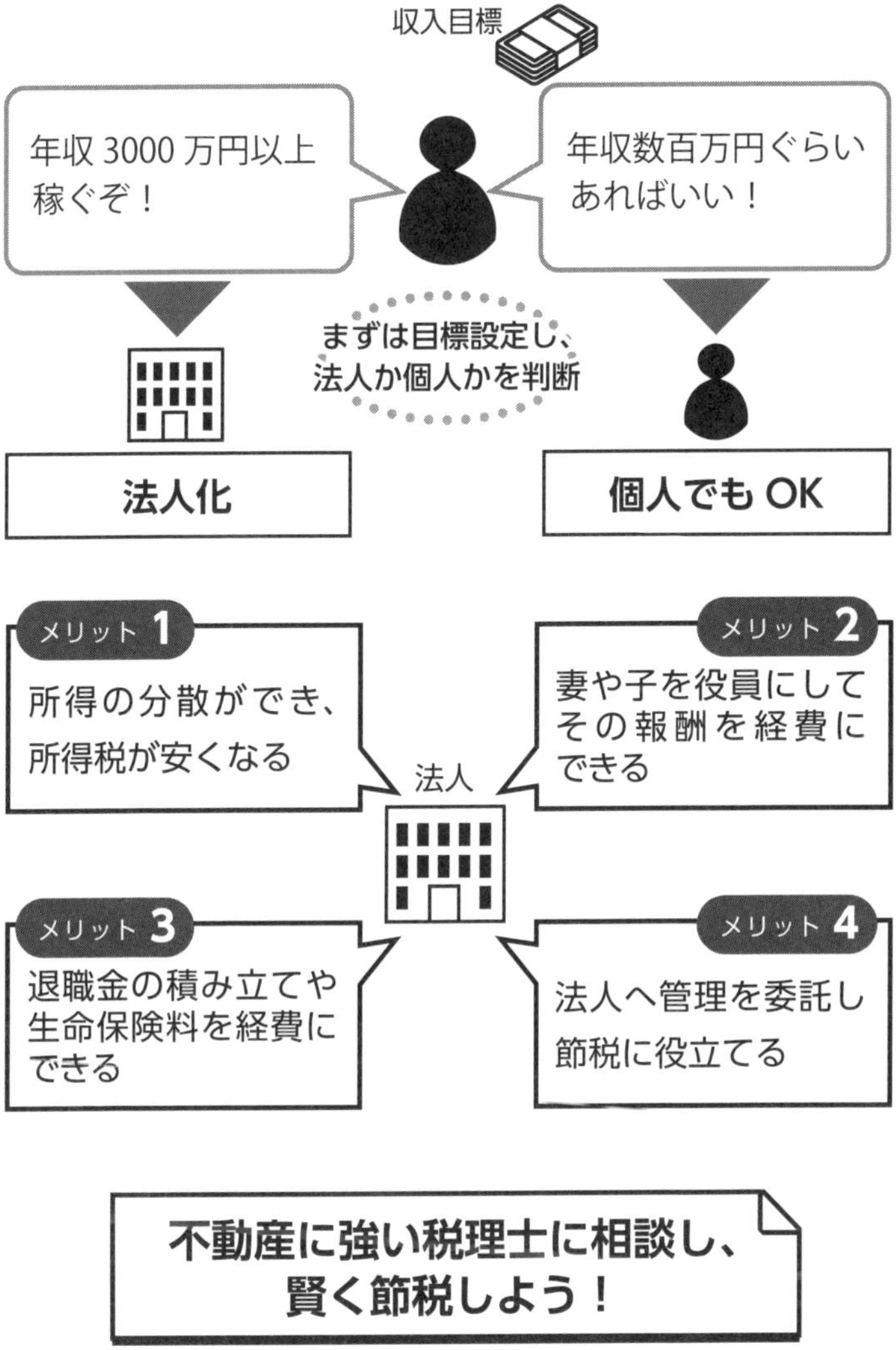
収入目標
年収 3000 万円以上
稼ぐぞ！
年収数百万円ぐらい
あればいい！
まずは目標設定し、
法人か個人かを判断
法人化
個人でも OK
法人
メリット 1
所得の分散ができ、
所得税が安くなる
メリット 2
妻や子を役員にして
その報酬を経費に
できる
メリット 3
退職金の積み立てや
生命保険料を経費に
できる
メリット 4
法人へ管理を委託し
節税に役立てる
不動産に強い税理士に相談し、
賢く節税しよう！

ツボ 40

法人化すれば役員報酬で節税できる

妻や子を役員にして節税？

法人化では、役員報酬を使った節税もできます。

個人で賃貸住宅を持っている場合、物件から得た利益は、そのままその人の所得になります。

しかし法人化すると、賃貸住宅を所有しているのはその会社で、そこから得られる利益の中からあなたは「役員報酬」として給与をもらうことになります。つまり、**賃貸住宅からの利益が一部「給与」となることで、その金額を法人の「損金」とすることができるの**です。損金とは、個人で経営している場合の「必要経費」と同じです。

例えば、現状持っている賃貸住宅に年間1000万円利益があったとしたら、そのうち500万円をあなたの給与として支払います。するとその会社の利益は500万円

[法人で所得税を分散]

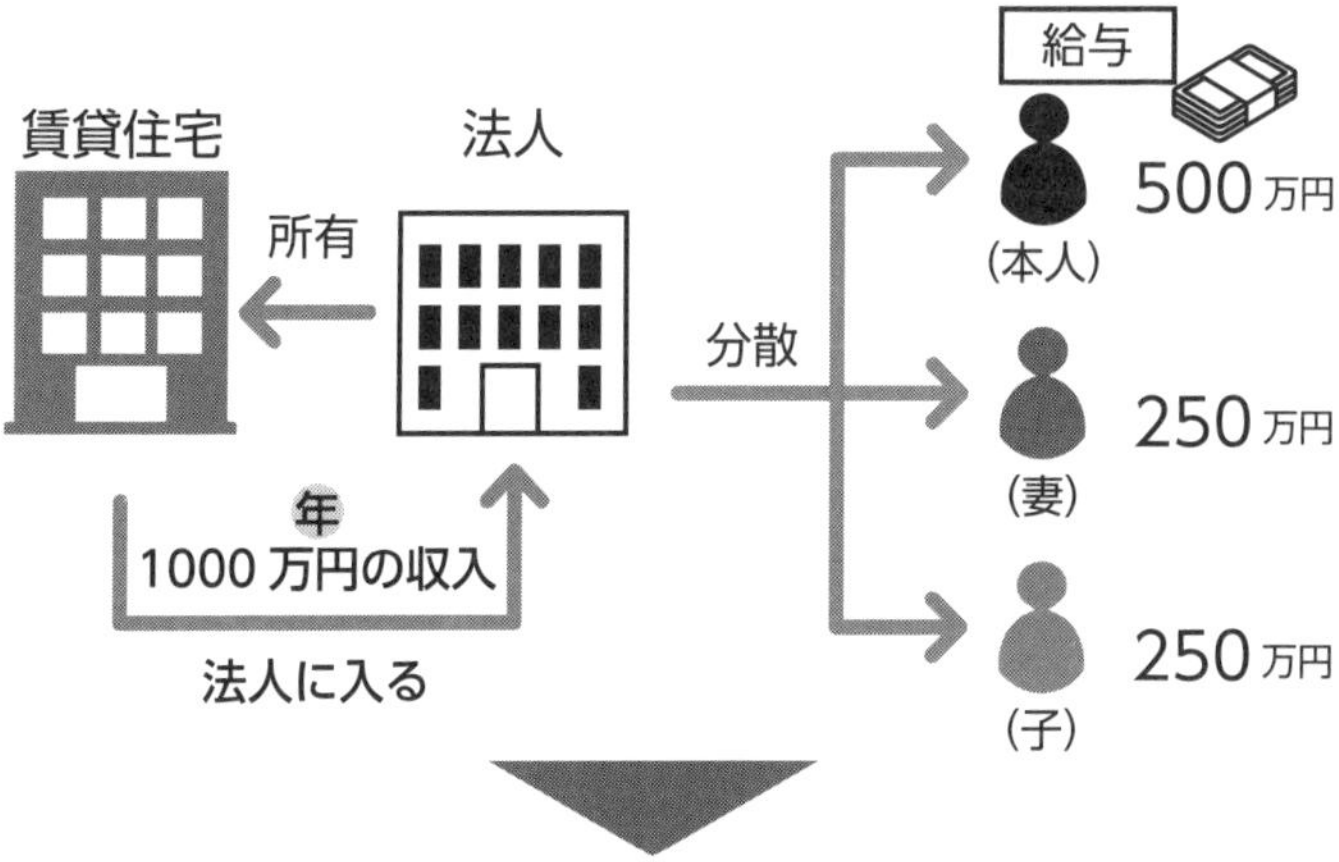

それぞれに所得を分散し、所得税を抑える

減ります。ですから残りの利益の５００万円に法人税が課税されることになります。

あなた自身も、個人で１０００万円の所得がある場合だと所得税の税率は33％ですが、法人からの給与として得た５００万円なら20％で済みます。さらに、その５００万円も、給与所得控除や所得控除を加味すると10％になることもあります。

所得の分散で所得税も安く

また、家族を役員にすれば、その分の給与も会社の利益から差し引けます。

例えば、先のように会社から５００万円の給与を受けることにしたとします。あなた一人に支払われた場合の所得税率は20％

ですが、配偶者に250万円、あなたに250万円と半分ずつにすると、それぞれの所得税は10%になります。もちろんこちらも給与所得控除や所得控除を加味するとさらに下がる可能性がありますが、単純計算でわかりやすく説明すると、**個人で1000万円の所得がある場合の所得税は33%だったものが、法人化して家族を役員に入れるだけで10%にまで落とすことができる**というわけです。

では、役員報酬の金額はどのくらいが適当でしょうか。

個人の所得が増えれば、所得税の税率が上がります。しかも会社のお金は個人が勝手に使えませんから、会社の収入ギリギリまで給与にしたくなるかもしれません。

ただ、会社の収入のほとんどを給与にしてしまうと、急な修繕が必要になったときなどに、対応ができなかったり、給与を支払うことができなくなってしまいます。

また、利益が出たときに役員報酬を多く、少ないときには報酬を少なくするなど、ときどきで給与の額を上げ下げすると、会社の経費として認められない（計上できない）部分が出てきたり、法人と個人とでダブルで課税されたりすることもあります。

法人の利益と個人の所得、役員報酬の振り分けは、税率の計算が複雑ですから、不動産に詳しい税理士さんに相談することをおススメします。

[個人所得と法人による給与所得の税金の違い]

●個人のままだと

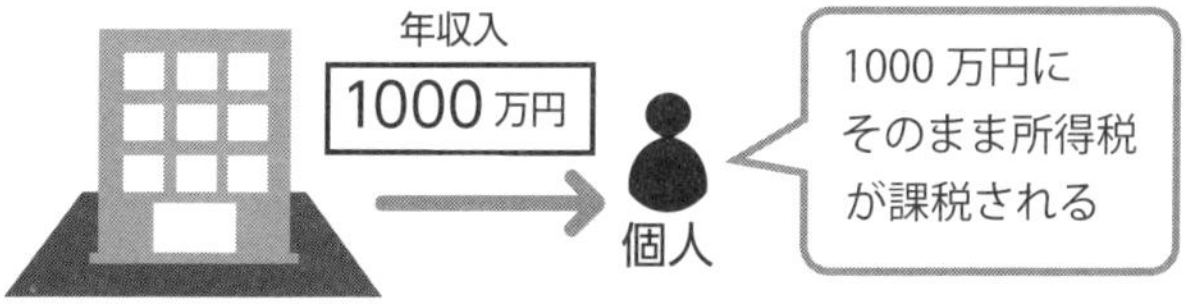

個人

1000万円 × 0.33 [税率] − 153.6万円 [控除額]

= **176.4万円** の所得税

●法人で分散すると

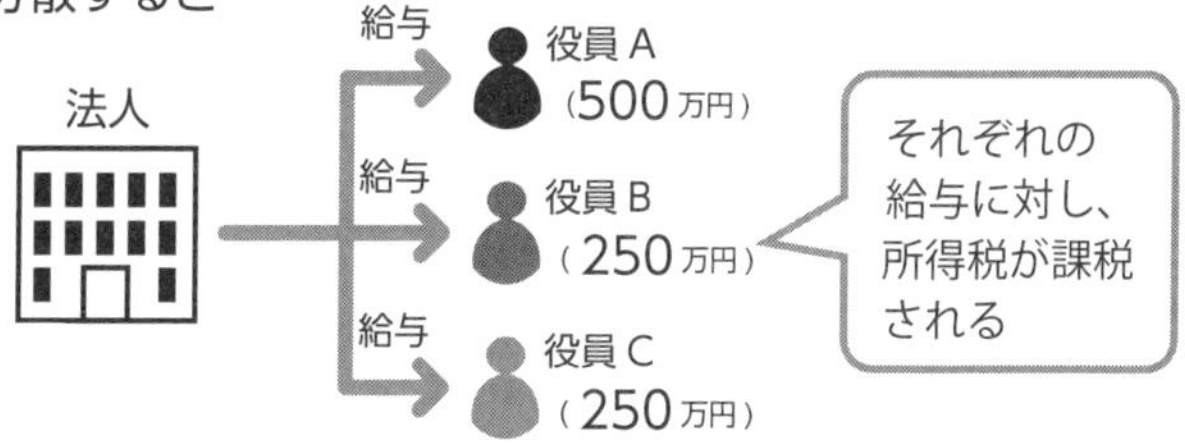

役員A

500万円 − (500万円×0.2+54万円) [給与所得控除]

= 346万円に課税

346万円×0.2 [税率] − 42.75万円 [控除額]

= **26.45万円** の所得税

役員B
役員C

250万円 − (250万円×0.3+18万円) [給与所得控除]

= 157万円に課税

157万円×0.05 [税率]

= **7.85万円** の所得税 (1人につき)

個人と法人で所得税が約135万円も違う

＼ツボ／
41 まだある法人を使った節税策

法人なら自宅を社宅にして経費にできる

個人で事業をしている場合でも、賃貸している自宅を仕事場として使っている場合、その家賃分を必要経費として計上することができます。

自宅とは別に事務所を借りている場合は、事務所分の家賃は全額必要経費です。その代わり、自宅の家賃は経費にはなりません。しかし**法人にすると、自宅の家賃も、50％ほど「社宅」として必要経費にすることができます。**

具体的には、会社が借りた住宅を、あなた自身の自宅として使います。家賃は会社が貸主に支払います。あなたは家賃の50％を会社に支払います。この場合、会社は社宅として貸主に支払った50％の家賃を必要経費として計上できるのです。

あなたは半額の家賃で自宅に住むことができ、会社は社宅の費用を計上し、利益を減らして節税することができるわけです。

そもそも、**まだ自宅を買っていない人は、利益を生まない自宅を購入するのは一番後にするほうが得策**です。土地を自己所有として、その上に会社が賃貸建物を建てて、社員であるあなたに社宅として貸し、その他は、すべて他人に貸す、または、あなたは他の賃貸住宅に住みその家賃は会社から出してもらう、など、いろいろな選択肢があります。

法人へ管理を委託し節税する方法

172ページで不動産を購入する前に法人化するか否かを決め、法人化すると決めたら、物件は法人で買ったほうがいい、というお話をしました。

では、すでに個人で買ってしまった物件は、必要経費でしか節税できないのでしょうか？　いえ、方法はほかにもあります。例えば、賃貸アパートを購入する際、法人の登記が間に合わず、最初の1棟を個人で所有している方がいるとします。そうした場合は、「管理会社方式」が使えます。どういうことかと言うと、あなたが設立した法人に、あなた個人の物件の管理を依頼するのです。

法人が家賃の集金、物件の維持管理、入居者からのクレームや要望などの事務を代行し、管

【管理を法人に委託して節税】

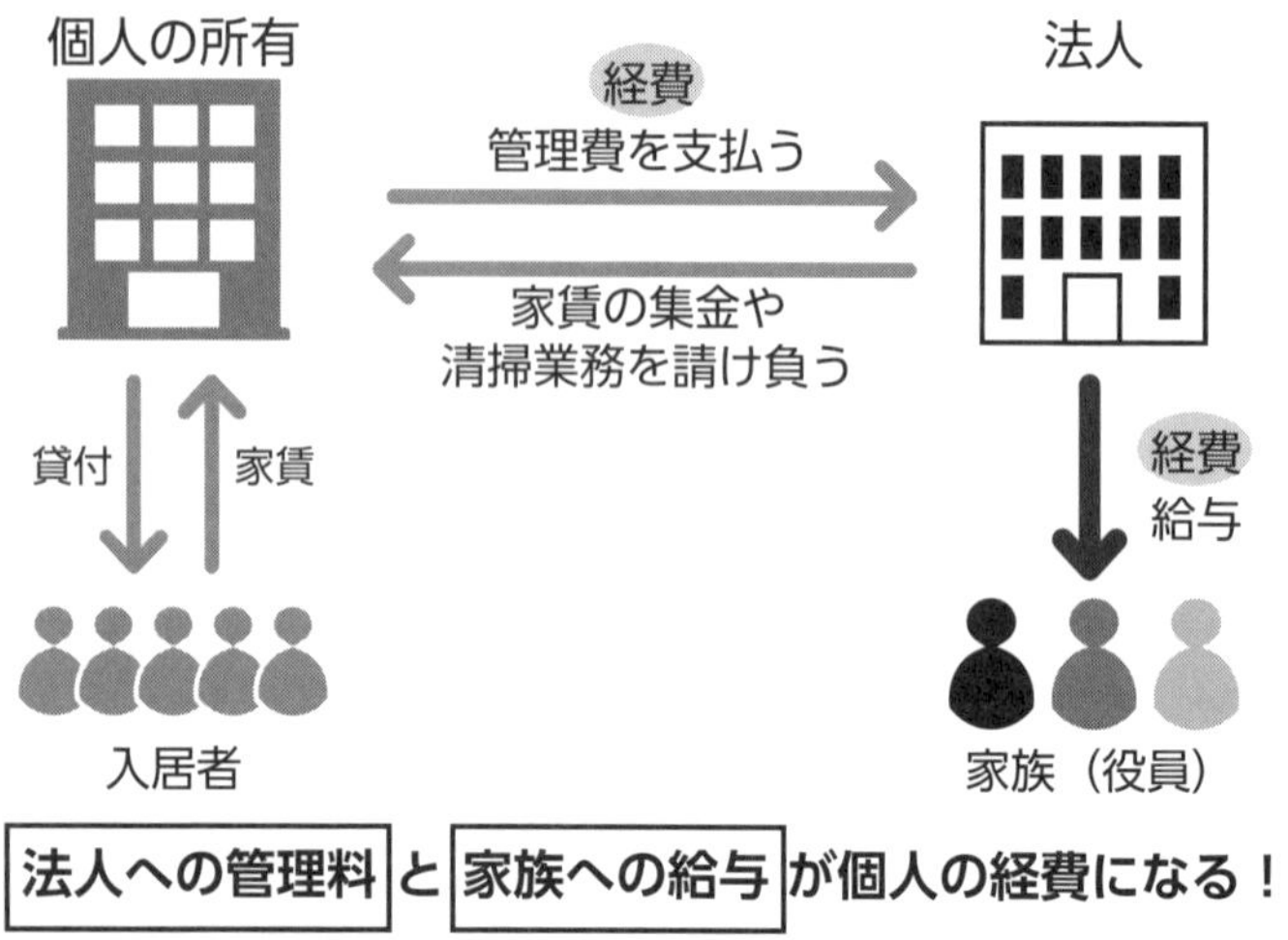

理費を法人に支払います。その管理費は、あなたの必要経費として計上できます。

この場合、管理を依頼していると証明するために「管理委託契約書」を作成しておきましょう。

法人へ支払う管理費は家賃収入の8～10％程度までが適当です。実際に管理をしていないのに管理費を支払ったり、他の管理会社と自分の管理会社の両方に管理費を支払ったり、実際に仕事をしていない人に給与を支払うと、必要経費として認められずに、加算税や延滞税を払わなければいけなくなることもあります。

「節税」は「脱税」とは違います。くれぐれも、ごまかしたり、不当に高い金額を

支払ったりなどせず、「正当に」を心がけてください。

個人名義の建物のみを法人化する方法

　すでに所有している個人名義の賃貸住宅を、建物のみ法人に売却して節税することもできます。この場合、土地は個人のままで土地の賃料を法人から個人に支払います。建物を法人に売却すると、その後の不動産収入は法人に入りますから、個人の収入が多すぎるときにこの方法を使います。古いアパートの売却なら、売却代金を建物の未償却残高とすることで、譲渡所得税は課税されません。例えば木造アパートの建築費が平成８年に５０００万円かかりました。平成27年で減価償却累計が４０００万円とすると、

5000万円ー4000万円＝1000万円

売却収入＝未償却残高1000万円

譲渡所得1000万円ー未償却残高1000万円＝０円

　となり譲渡所得税は課税されません。しかし、これも物件によりますので、必ずプロと相談してください。なお、このとき登録免許税と不動産取得税はかかります。

＼ツボ／
42

賃貸経営で相続財産の評価がこんなにも下がる!?

賃貸経営で相続税が安くなる？

相続税を節税するのに、最も効果が高いのが、持っている土地にアパートやマンションを建築する方法です。相続する金額が増えれば、その分多くの相続税を払わなければいけません。ですので、土地を持っている場合には、土地の評価額をより安くすることが、節税につながります。

また、現金を相続する場合も、現金のままではなく、建物を建てて現金からモノで相続する形に変えたほうが、節税になります。

では、具体的な例を見てみましょう。あなたが、相続税評価額1億円の何も建物が建っていない土地（更地）を持っていたとします（相続税評価額とは、実際に売買される際の土地の値段ではなく、相続税の対象となる土地の評価額です）。

ここに1億円の借金をして、賃貸用の建物を建てたとします。そうすると評価額は1700万円に下がります。額にして8割以上も圧縮できるのです。

仕組みはこうです。一般的に建物の固定資産評価額は建築価格の4～6割程度になるので、中間をとって建物価格を1億円の50％とします。さらにその建物は貸家ですので、借家権割合が30％控除されるため、1億円で建てた建物は3500万円まで減価します。

一方で、1億円の土地は建物がない更地と違って、貸家建付地評価として、借家権割合の30％と借地権割合の60％（割合は建築する場所によって違います）が控除されるため、8200万円になります。この3500万円と8200万円を足して、借入額の1億円を引くと1700万円になるのです。

場合にもよりますが、もし**現金のままで1億円持っていると、1億円に対して相続税がかかります。けれどもこのように、建物を建て、賃貸住宅というモノに変えると、1億円が1700万円に減り、かかる税金がまったく変わってきます。**

賃貸経営は節税のためにするものではない？

そのため、地主さんのところには、さまざまな建築会社などが、「こんなに節税できるから、賃貸住宅を建てましょう」と甘い言葉で勧誘してくるのです。

しかし**彼らは、建物を建てるプロではありますが、賃貸経営のプロではありません。**建物を建ててしまえば、彼らの仕事は終わりなのです。

満室経営を実現させるには、必ず市場調査をしてニーズのある賃貸住宅を建てたり、入居者が快適にすごせる工夫をしたりしなければなりません。

建築費用をかけすぎて建物を建てると、収入とのバランスが悪く、賃貸経営は苦しくなります。さらに、そこが経営に向いていない地域だとしたら、目も当てられなくなってしまうことでしょう。

そんな物件を抱えて、大家さんとしてその先何十年も、賃貸経営していかなければなりません。**空室が埋まらず、経営が赤字になったとしても、その責任は誰も負ってはくれない**のです。

ですから、大家さんには、節税することと、満室経営を目指すこと、どちらも考えて経営して欲しいと思います。賃貸住宅を建てることがゴールではありません。節税対策のために賃貸住宅を建てたのにもかかわらず、経営が成り立たずに赤字になってしまっては、本末転倒です。

[賃貸用建物で資産を圧縮する？]

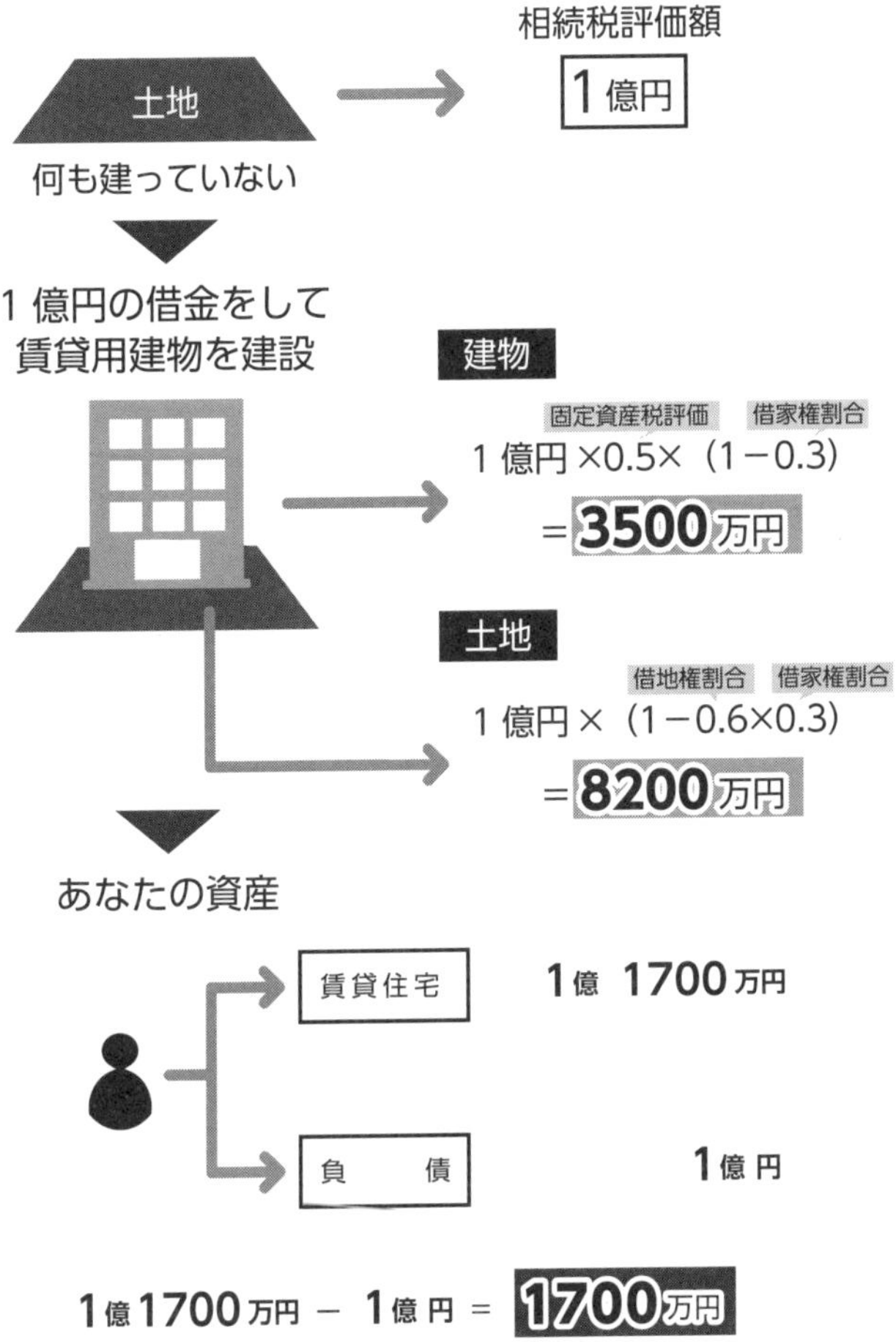

8割以上も資産が圧縮できたことになる！

おわりに

この本は、みなさんに不動産投資の第一歩を踏み出していただけるよう書きました。すでに何棟も購入している方には簡単すぎるかもしれませんが、賃貸経営の現場で空室を満室にしてきた方法と、困った投資をされた方のご相談を受けてきた経験が、みなさんのお役に立てればと思っています。私の父は不動産関係の会社を経営していましたが、同業者にだまされたり、倒産したりと大変な思いをしたので、私は不動産の世界はとても怖いものだと思っていました。読者のみなさんの中にも、私のように不動産（投資）は怖いと思っている人が多いのではないかと思います。

しかし今では、「不動産投資の世界は人の幸せを守ることができる楽しいもの」という側面があることを、みなさんにぜひ知っていただきたいと思っています。

私は、不動産投資コンサルタントになる前に、賃貸マンションの管理、賃貸の仲介業務、賃貸マンション建築の企画営業マンとして、多くの大家さんと関わる仕事を経験しました。不動産投資のよい面も悪い面もたくさん目にしてきました。ただ、その中で確信したことは、給与とは別に安定した収入を得ることができる賃貸経営は、あなたの生活を豊かにするとても有効な方法だということでした。

例えば、あるお客様は、従業員が１００人以上いる業績もよい会社を運営していましたが、30年というスパンで企業を見たときに波のある今の業態よりも、賃貸マンション経営という安定した業務がいいと、業態をシフトされました。

事業は世の中の流れによって、自分たちの実力ではどうにもならない波に左右されるときがあり、収入が一気に減ると言ったこともあります。そんなとき、持っていた賃貸マンションだけは、大きく増えることもないけれど激減することもなく安定していたため、大きな支えとなってくれたとのことでした。

これは個人にとっても同じことが言えます。賃貸経営は幸せな生活を守るための投資の一つとしてとても有効です。しかし、やり方を間違えたり、自分の失敗を他人のせいにしたりしていては、その幸せはいつまで経っても手に入りません。

だからこそ、自分で自分の責任が取れるよう、失敗しないよう、不動産投資をはじめる前に、目標の持ち方や、やり方をしっかり学んで欲しいのです。

目標に向かって物件を購入すること、満室にすること、目的に応じて物件を入れ替えることを知っていると失敗しません。少子化と言われる今の時代でも、豊かに、安定的に賃貸マンションやアパートを運営することは必ずできます。

「あなたの右腕がなくなったら、左腕で頑張るのよ」。私は、尊敬する女性からいただいたこの言葉にいつも励まされています。人生には本当にいろいろなことが起こります。しかし、戸惑うとき、心配なとき、病気になったとき、不動産投資がきっとあなたを助けてくれることでしょう。不動産投資はあなたの生活に豊かさをもたらしてくれるものの一つです。やり方さえ間違えなければきっとあなたを幸せにしてくれます。

あなた自身を幸せにするための不動産投資をはじめてみませんか。この本が不動産投資で成功するための参考になることを願っています。そして、本書を読んでいただいたみなさんが幸せになっていただくことを心から願っております。最後に第4章の監修をしていただいた叶温さま、藤井敦さま、樫木秀俊さまに心から感謝申し上げます。

平成27年7月　尾浦英香

【著者紹介】

尾浦英香（おうら・ひでか）
空室改善士。株式会社エクセルイブ代表取締役。
CPM（米国不動産経営管理士）、CCIM（米国認定不動産投資顧問）、宅地建物取引士、2 級建築施工管理技士、不動産コンサルティングマスター。
中学生時代に父親の経営する不動産会社が倒産。結婚後、防水工事会社の不動産部門へ就職。ヘッドハンティングされた大証二部上場ゼネコン会社では、女性唯一の企画建築の営業担当に抜擢される。2003 年、日本で唯一の女性賃貸マンションコンサルタントとして起業。主な著書に『満室大家さん ガラガラ大家さん』（経済界）がある。

【第 4 章監修者紹介】

叶 温（かなえ・ゆたか）
不動産投資専門税理士。AFP・宅地建物取引士。マンション管理業務主任者。
叶税理士事務所代表。株式会社マネー・コントロール代表取締役社長。
甲南大学経営学部卒業後、広告代理店を経て、会計事務所に転職。2007 年、叶税理士事務所開業。自ら不動産投資を実践し、不動産購入前からコンサルティングのできる日本で初めての不動産投資専門税理士となる。開業後わずか 3 年で相談者との面談回数は延べ 300 回を超え、コメンテーターとしてテレビにも出演。セミナーや講演では“不動産投資で効率的にお金を残す”ために必要な税金のノウハウをわかりやすく参加者に提供し、好評を得ている。

藤井 敦（ふじい・あつし）
税理士。のぞみ合同会計事務所代表。
同志社大学商学部卒業。不動産の専門家とチームを組み、本の執筆や投資用不動産の相談対応や提案などを精力的に行っている。不動産に関する相談は年間 100 件を超える。代表を務める会計事務所は、法人・個人合わせて 200 件超の顧問先を持ち、「親切、丁寧」をモットーとして、お客様から気楽に相談してもらえるような事務所運営を心がけている。

樫木秀俊（かしき・ひでとし）
税理士。のぞみ合同会計事務所副代表。
同志社大学商学部卒業。25 年にわたり、数多くの相続、事業承継の実務に携わる。東証一部上場の不動産会社に 3 年間勤務した経験を持ち、自身の強みとする不動産や相続に関する相談・申告件数は年間 120 件を超える。豊富な経験と専門知識を活かし、相続を受ける者、事業を承継する者の立場をも考えた相続・事業承継のトータルプランニングを信条としている。

女性目線で入居率99.7%を手に入れる

スゴい賃貸経営のツボ

2015年7月31日　初版第1刷発行

著　者　尾浦英香
発行者　澤井聖一
発行所　株式会社エクスナレッジ
〒106-0032　東京都港区六本木7-2-26

問合せ先　編集　TEL：03-3403-1381
Fax：03-3403-1345
info@xknowledge.co.jp
販売　TEL：03-3403-1321
Fax：03-3403-1829